U0014488

7分鐘

豐盛心靈寫作

改寫人生 創造豐盛

劉滄碩教你用33天，
從認識自己、擺脫潛意識限制，進而邁向財富富足、生命豐盛之路

豐盛心靈寫作 創辦人
劉滄碩——著

目 錄
Contents

你真的了解自己嗎？

教書教了二十年，遇過形形色色的學生。有一件事情，是我常跟我學生說的。

「你要找到自己真正的價值！」

在這個世界，除非你運氣很好，老是遇到伯樂、知音，不然別人是很難知道你的價值的。而一個連自己都不了解自己真正價值的人，如果沒遇到願意發掘他的伯樂，這世界就不會有人知道他的價值了。一個沒人知道他價值的人，終究是埋沒的。但很遺憾的是，我遇過很多學生，讀書考試都很厲害。但對於自己有什麼價值，仍是茫然不知。

我發現這個世界有很多人，對自己並不了解。他們跟外人一樣，只看到表層的自己。但想要更深入了解自己，即使他們想，也不知道如何著手。於是，他們不了解自己的好在哪，也不知道自己的痛在哪，或是自己的傷是否好了。大家以為對自己很了解，其實還有很多是連自己都不知道的面向。許多的傷跟痛，都藏在潛意識中，隱隱地影響我們的行為，但我們卻無從掌握。

Andy 老師是我的好友，這十幾年來他的「豐盛心靈寫作」課程，

幫助了許多學員了解自己、進而發掘自己的價值、認同自己、喜歡自己。在看這本書之前，我並不知道有這樣的法門，可以透過 7 分鐘的書寫去探究自己的潛意識。看了這本書我非常驚艷。尤其是書中有 33 個感恩書寫的主題，透過 Andy 老師搭配每個主題的引導，還有過往學員的寫作分享，讓人得以一探我們能如何透過 7 分鐘的寫作來一步步了解自己、看到過往的傷痛、並進而療癒自己。

如果有更多人了解這樣的法門，我想我們會有更多不了解自己、不愛自己的、看不到自己價值的人，從中受益。你真正了解自己嗎？如果你想更了解自己，不妨拿起筆來，開始你的 7 分鐘「豐盛心靈寫作」吧！

葉丙成

無界塾創辦人

找到你生命中的大彩蛋

前一陣子，跟著 Andy 老師進行「減重書寫」，第八天的時候，我寫下了「現在我的身體很舒服，我也想跟身上的毒素、壞脂肪、長出的黑色素瘤等目前身上可能不好的東西，說聲抱歉和謝謝。我希望藉由減重書寫，向他們道謝 & 道再見！」

這似乎是我這次的書寫練習出現的大彩蛋，因為第八天的主題是：「運動後身體脂肪燃燒的健康狀態」，寫作前，老師建議我們花個 1~2 分鐘冥想，冥想當下，腦中突然跳出自己臨終的畫面，我不僅不害怕這景象，反而是充滿喜悅和感恩，我記得當時還激動的流下淚來，寫完後也立即和 Andy 老師分享這份感動。

身為大學外語老師，跨文化學習是我專業的一部分。在探索不同語言文化異同時，讓我更好奇的是，同為地球子民的我們——人類，是否有一個（或多個）人類共通的生命語言和文化？在辨識彼此相異之處時，我更渴望尋求共同的生命答案。透過不同的書籍和管道，我接觸了海內外心靈導師的學說和經典；若條件允許之下，我更希望身體力行去練習其功法。

因緣際會下，我參加了 Andy 老師「減重書寫」的練習，後續也

報名老師希塔療癒的課程。書寫過程對我而言，宛如靜坐。在書寫當下，我感受到自己的千頭萬緒，如萬馬奔騰般傾巢而出，五味雜陳的情緒也不斷湧現。整個書寫過程，有時宣洩調整、有時沮喪無力，最後達到釐清釋放。每每經過這樣的全身洗禮後，我內心的平靜與安定總是會自然來到。而這一切，也只有親身體會，才能理解個中奧妙之處。

記得有次課程因故取消，但老師還是挪出個人時間讓我請益，我們從下午 2 點暢談到將近晚上 8 點，從心靈書寫，到希塔療癒、禪修靜坐等無所不談。老師無私的分享，知無不言。與老師討論宇宙最原始的語言與萬物能量的源頭，過程中深度的思考和論究，讓我學習甚多。

希望藉由這本書，或許也可以帶您開啟當天我和 Andy 老師如蘇格拉底式的對談時空，時而激辯，時而困惑，時而釋放，時而感動。任何疑問，應該都可從老師的文字陪伴中，一同探索及尋找人生可能的答案。

這份生命禮物已經呈現在您面前，就端看您，是否準備好要接受了呢？期待您和我一樣透過豐盛心靈書寫，找到屬於自己生命中的大彩蛋。

感恩 Namaeste （合十）

嚴嘉琪

國立臺中科技大學應用英語系教授、前語文學院副院長

用書寫，
走出豐盛心靈之路！

「重要的事情，其實都是簡單的！」

從事多年的助人陪伴工作，一直持續探索心靈療癒與潛意識的對話，面對不同的個案困境，我越來越發現：答案其實都是簡單的。

如何認識自己，如何與自己對話，如何可以愛自己。

當自己可以安在，就有更多的能量面對他人跟外在世界，經營關係，獲得成就。

而書寫，其實就是一種簡單的方式！

讓文字，成為表達自己跟看見自己的管道。

寫，就對了！

但要化繁為簡，淬煉出其中的精華，其實更是智慧。

這也是滄碩這本書難能可貴的地方。

「自由書寫」原本就是我熟悉的方式，我也會在課程中進行跟牌卡結合、有主題的「心靈書寫」。而「7分鐘豐盛心靈寫作」更是循序漸進，有獨特方式跟方向，有案例有分享，帶領讀者可以一步一步，透過持續不斷的書寫，認識自己，與自己進行深度的對話，進而找到豐盛人生的關鍵。

　　即便是初次接觸的讀者，也一定可以按照書中的說明跟步驟，展開獨特的心靈之旅！

　　但我覺得更特別的地方是：滄碩在不同篇幅中所強調的重要原則跟概念。

　　也就是：寫，就對了！

　　但要怎麼寫？為何要進行7分鐘？遇到負面情緒怎麼處理？寫不出來怎麼辦？無法感恩又要如何繼續？怎麼樣透過書寫帶來真正的改變？

　　也就是在我看來：書寫是一種方式，想要認識自己，也可以透過其他方法。

　　所以，重要的不只是方式，而是如何在持續不斷書寫的過程中，先看見自己的真實，不用帶著正向的角度，不用顧慮作文的美感，而是讓文字成為如實反映自己內在心靈的鏡子。

　　所以，會看見自己的不完美，會發現自己過去的傷痛，會找出自

己的限制性信念，甚至會湧現很多情緒，或甚至寫不下去。

但就是因為經歷了，踏上了，才會展開後續的覺察、決定與改變。

我想，這也是為何要以「感恩」當作書寫的方向。

除了重要的人生主題，與其說是記錄、回顧、挖掘，更是學習如何感恩。

懂得感恩，就更可以創造豐盛，連結愛的能量。

而感恩書寫之前的冥想，更是啟動潛意識力量的方法。

這不是一本教你如何寫作的書，也不是純粹的自由書寫，也不是寫了就保證會獲得豐盛人生的書。

但，只要你願意，每天花 7 分鐘，持續地寫，就會發現：那些重要的事，其實都是簡單的！

而，愛，一直就在我們心裡！

周詠詩

社團法人台灣文創牌卡教育推廣協會理事長、

「療心卡」等牌卡原創導師

推薦序
成為豐盛版本的自己

滄碩是一個很特別的朋友，充滿靈性、踏實而豐盛的活出自己的各種面向。人在社會中行走，在工作或是生活中，總有著各種人生角色的標籤。但我們都是不太被角色限制，選擇繼續跟著熱情，在生活裡探索人生各種可能的人。也因此，每次跟他聊天，都是一個很棒的經驗。

有次臨時跟著自己的靈感，跑去報名參加他的靈性書寫課程。那是一個晚上的課程，卻打開了我的好奇心，原來滄碩在網站建置、LINE@ 行銷的專業背後，花了很多的時間投入與實踐內在靈性的對話。我有幸見證他一路發展豐盛書寫的過程，也參與了其中一部分的實踐。看到他在過程中，非常有毅力的，一步一步將想法實踐出來。從一個晚上的體驗、每天一主題的靈性書寫、成立交流的群組、到完成這本書。

我有次看到某個主題，就覺得抗拒不想寫，滄碩還細心地跟我討論，用追蹤提問的方式，保持書寫，讓這些感受、想法都能有自己流動的空間，而不需要因為我們現在的壓制、抗拒，而在未來繼續干擾我們。

他透過自己多年的實踐，發展出具體可操作的方法。書寫的步驟並不複雜，在具體的時間（7分鐘）、空間（紙）、結構（左邊——意識、右邊——潛意識）中，每天一張紙、一支筆、7分鐘，讓我們安下心，慢下來，好好地陪伴自己。這種靜下來、覺察自己的方式，正是現代人在快速的步調與過多的訊息干擾中，經常缺乏的一份對自己關注與覺察的能力。

本書除了在第一章就為我們提出清晰的結構，也透過作者多年帶領豐盛心靈寫作、解決學員提問的過程中，梳理了許多容易卡關的點，以及卡關時可以安度的方法。例如：當慣性的思考、情緒出現時，我們可以透過問題、書寫在左右欄的覺察、不要預設立場、接納情緒、不斷的寫……等方式，為內在的情緒留一空間，不評價、不判斷、不責備。用一份感恩的心，正向看待所有發生的經驗。

透過持續書寫，以及真誠地去感受書寫的歷程，讓我們不需要受制於慣性的思考，也不需要迴避可能的情緒，一切的發生都剛剛好，在這個時間、空間中，形成一個安全的、溫柔的、轉化的美好經驗。

在我們的書寫群組裡，有些夥伴甚至已經寫了超過一百天，看到他們真誠分享如何走過生命的低谷，透過持續練習，讓自己更能穩定地待在情緒能量表（請參見本書第25頁）中500分的感恩。

你每天練習什麼，那件事就會精熟。透過33個主題的探索，每天給自己7分鐘，專注在內在的感恩，讓美好，也成為我們生活中的

一種習慣。推薦您，不妨也從今天試試看。

汪士瑋

諮商心理師、企業講師、企業顧問、作家

Part0

豐盛準備篇

啟程

很高興與你的相遇！我一直在為此刻與你的相遇做準備！我深信宇宙間的萬事萬物沒有巧合，冥冥之中都有最好的安排，相信是宇宙源頭愛的能量牽引，讓我們有此天緣奇遇！

或許此時此刻的你，有些茫然、有些困惑、有些失意，或者是帶著尋找問題的答案、尋找人生的意義、自己存在的價值而來，更可能是渴望找到快樂人生、健康生活以及富足、豐盛的生命而來，當然也有可能純粹是因為好奇、無意間翻起這本書。無論是何種原因，相信都是源自於你靈魂對於愛的極致渴望，因而與宇宙源頭愛的能量共振，帶你踏上這趟專屬於你愛的奇異旅程。

在這趟愛的奇異旅程當中，我將扮演陪伴者的角色，陪伴你一起走過 33 天、每天 7 分鐘的豐盛心靈寫作書寫旅程，和你一起探索內在心靈蘊藏的無窮巨大能量。

書寫，代表著引領你重返心靈狀態！

許多人都聽過要好好愛自己、或是先愛自己！

那怎樣才算是好好愛自己、先愛自己呢？

其實透過書寫，展開與自己的對話，就是愛自己的一種具體表現。

7 分鐘能做什麼呢？

7 分鐘看似就是一個零碎的時間片段。

但是我們多久沒有好好的讓自己靜下心來、書寫 7 分鐘呢？

現代人身處高速發展、資訊爆炸的時代，每天被許多生活瑣事、惱人的工作、主管同事、過載的資訊綁住，或許也曾經嘗試聽聽音樂、看看電影、小酌一番、按摩 SPA、運動、瑜伽、冥想、靜心等方式，幫助自己放鬆、放慢生活步調，這些都是很棒的方式，但你有多久沒有停下來、靜下心，和自己的內在說說話呢？

你知道嗎？不要說 7 分鐘，現在許多人甚至「不敢」讓自己停下來、靜下心 1 分鐘！稍有空檔，就會拿起手機填補空下來的時間。為何呢？因為只要停下來，他就不得不面對內在許多的焦慮、浮躁、不安、甚至恐懼、害怕等情緒，許許多多問題就會一一浮現：

應接不暇卻沒有什麼效益的商務應酬
整天不停的忙，卻不知道自己到底在忙些什麼
還沒有學會一件新事物，另一件新事物又來了
親密關係面臨觀念、相處不合等問題
整天忙忙碌碌，卻仍舊一事無成
每月的租金、水電雜支、教養費用負擔重，賺的都不夠花
發現自己走的路，並不是自己內心想要的
內心空虛，迷失了自我……

哪怕只是停下來一分鐘，所有工作、生活的問題，便如同洪水猛獸、波濤洶湧迎面席捲而來，把人壓得喘不過氣。而遇到這類情境、問題時，大多數的人會選擇逃避、壓抑，或是轉而往外尋求解決的方法和答案。

　　其實只要開始靜下心書寫，往內與自己展開對話，你便會發現：宇宙一直都在幫助你，一直在提供你解決的方法與答案，只是我們都太習慣於往外尋求、活在外在浮躁的世界，不僅造成行為浮躁，連帶著思想、內心都被牽動，而無法靜心的覺察，看見事物的真相與答案。

　　或許過往你曾經嘗試過一些靜心方式，但效果不彰或無法持之以恆。

　　或許你曾經努力過想好好愛自己，卻總是搞砸或不知道怎樣才是好的愛自己的方式。

　　或許你曾經勉勵自己要正向思考，最終卻只是強顏歡笑，迎合著他人、勉強著自己。

　　在此邀請你和我一起踏上愛的奇異旅程，透過 33 天、每天 7 分鐘的豐盛心靈寫作，從認識自己、身體健康、親密關係、金錢能量以及內在心靈五大層面著手，協助你探索內在心靈、情緒能量卡住的關鍵原因，改變內在的限制性信念、潛意識，進而邁向財富富足、生命豐盛之路。

感恩書寫的力量

　　書寫過程中持續不斷的讓我們練習「創造豐盛」，創造豐盛的過程中，不斷與自己內心對話，會不斷挖掘自己身上沒有意識到的問題，每天一點一滴不斷的挖掘越來越多，後面「豐盛感」竟然就那麼自然的蹦出來了，非常奇特的過程，再次感恩自己有加入這個寫作。

—— Ru

　　書寫過程彷彿是一面魔鏡，不只是反射自己現況的樣子，也能看到很內心很少觸碰的堅定與軟弱；書寫同時也擁有時光機的魔力，經常在書寫過程中看到過去自信又脆弱的自己。我喜歡面對自己時的真情流露，不用掩飾不用包裝，可以自在的大哭大笑，每天的書寫時光是我一天中最快樂的享受！

—— 瑋婷

　　透過書寫沈澱心情，發現生命如此美好，從書寫中我肯定自己，原諒自己，體驗很多美好的感動，謝謝老師的帶領。

—— 榴玲

　　豐盛心靈寫作讓我每天都有時間靜下來與自己對話，讓自己一天比一天平靜，讓自己有勇氣面對真實的自己，讓自己朝著夢想慢慢的前進，讓自己可以活在愛裡面。謝謝老師！

—— 佩甄

第一次用書寫呈現最真實的自己，剛開始會很奇怪，有時候會有排斥真實的自己，經過一個禮拜的有目標的書寫，感覺非常棒！

——明璋

　　發現「感恩OOO的自己」的主題，是最讓我有感的，因為平常並不會直接想到要去感恩自己什麼，但藉由這樣的主題就會去回想過去的自己，感恩的過程中，對我來說也是在肯定過去的自己，也能讓現在的自己感到更滿足。

——湘鈴

　　透過書寫過程，可以釐清自己內心中的一些人生價值和自己還看不清的情緒！

——立盈

　　我因為寫感恩細胞，而提早自己的作息。寫作真的是一種讓自己向上的動力，藉由書寫的過程，我們釋放情緒，找到另一個自己，發現生命另一個可能。

——麗君

　　我覺得收穫很多，心中常常會有滿滿的感恩能量，本來煩躁的心情會立刻被轉化，自己似乎也因為這樣子很多事情都越來越順利，也開始轉動我的生命，更多的突破，一切都朝越來越好的方向前進！

——欣瑜

書寫的過程可以和內心對話，曾經不喜歡這樣易感的自己，共情能力過強！把力量太多投射在外在世界，直到一個必要的創傷，讓我心甘情願的跟著宇宙的腳步，走到哪裡都好，都是幸福！

—— Angela

　　在近期參加的書寫的過程中有反反覆覆的情緒出現，但一次一次的平復修復心中的缺憾，很多事情透過書寫釋放了內在的壓抑，進而對同一事件可以用新的角度去重思觀照，也越來越能寬容及愛自己！

——佳倪

　　很意外心靈寫作讓我感受到自己內心底層的聲音，也重新去認識了解自己，每次寫作完都感受到釋放。

—— Wing

　　上述節錄均為過往參與豐盛心靈寫作學員之心得，相信「感恩書寫的力量」不言可喻！除此之外，也越來越多科學研究、實驗證實，書寫有益於身心健康、緩解情緒、強化記憶、激發創造力，自古以來就有「壽從筆端來」的說法，更加說明書寫有助於延年益壽。

　　清代周星蓮在《臨池管見》中說：「作書能養氣、亦能助氣；靜坐作楷書數十字或數百字，便覺矜躁俱平；若行草，任意揮灑至痛快淋漓之時，又覺靈心煥發。」何喬在《心術篇》中說：「書者，抒也，散也。抒胸中氣，散心中鬱也，故書家每得以無疾而壽。」以書法而

言，可達休養生息之效；若以一般書寫，則可達到率性抒發、緩解情緒之效。

除此之外，書寫還能夠幫助我們達到「豐盛境界」！每次在上豐盛心靈寫作課程時，我都會提到一個最簡單讓自己能夠達到「豐盛境界」的關鍵技巧，便是每天讓自己抱持在較高的情緒能量。那什麼是較高、或是好的情緒能量呢？

我以愛因斯坦的質能方程式說明如下：

物質就是能量，物理學家已經證明，我們這個世界上所有的固體都是由旋轉的粒子組成的；這些粒子有著不同的振動頻率，粒子的振動使我們的世界表現成目前的樣子。我們的人身也是如此，科學家已經測量過人在不同的體格和精神狀態下身體的振動頻率。

美國著名的精神科醫師大衛・霍金斯（David R. Hawkins）經過 20 多年的研究表明，人的身體會隨著精神狀況而有強弱的起伏。他把人的意識映射到 1~1000 的範圍，歸納出一份情緒能量表。

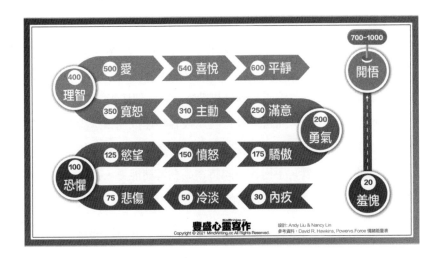

豐盛心靈寫作
MindWriting.cc
Copyright © 2021 MindWriting.cc All Rights Reserved.

設計：Andy Liu & Nancy Lin
參考資料：David R. Hawkins, Powervs.Force 情緒能量表

例如：

01. 開悟正覺：700~1000

02. 安詳極樂：600

03. 寧靜喜悅：540

04. 愛與崇敬：500

05. 理性諒解：400

06. 寬容原諒：350

07. 希望樂觀：310

08. 中性信賴：250

09. 勇氣肯定：200

因此，只要我們每天都能夠讓自己保持在相對高點的情緒能量，自然就很容易達到「豐盛境界」！那究竟要保持在哪個高點的情緒能

量呢？許多人會想說當然是保持在最高情緒能量最好啊！依照霍金斯情緒能量表，我們可以看到「開悟正覺」是最高的情緒能量，數值可以達到 700~1000。但問題來了，一般人要達到「開悟正覺」的境界容易嗎？相信是不容易吧！那降低標準呢？以「理性諒解」（400）、「寬容原諒」（350）而言，是否就比較容易達成呢？以諒解、寬容而言，看似簡單，但往往遇到傷害我們的對象時，便容易被勾起傷心回憶、情緒受到影響，不僅沒有維持在高點情緒能量，甚至還直接轉換成憤怒、悲傷、恐懼等等較低的情緒能量。

高也不是，低也不是，那怎麼辦呢？別急！在情緒能量表當中，我們可以找到「愛與崇敬」（500），其代表著聚焦生活的美好，真正的幸福！聽起來這似乎有點抽象，但其實就是我們常聽見的「感恩」。當一個人越能「感恩」，則越能珍惜自己生活中所擁有的一切；對賜與我們生命的人（父母、造物主）心存感激，這不就是聚焦生活美好的具體表現嗎？

相對於其他情緒能量表中的各項品德，「感恩」是較容易做到的，而且「CP 值」（性價比）最高、最划算。「感恩」是一種對恩惠心存感激的表示，是每一位不忘他人恩情的人縈繞心間的情感。無關富貴窮困，無關身份高低，無關美醜好壞，感恩是最簡單、最基本的一項美德。有時候只需要衷心簡單的一句「謝謝」，不需要額外的言語、行為、金錢，就足以代表感恩之情。

擁有一顆感恩的心，可以讓生活變得更珍貴，可以讓精神變得更

崇高。德國哲學家尼采也曾說：「感恩即是靈魂上的健康。」正是這個道理！

不過說真的，我們並非神佛諸聖，要能夠每天、隨時保持在情緒能量高點是不容易的，需要有長期的修持、練習才容易達到。現在不需要透過出家修行、靜坐、禪定等方式，只需要透過簡單的書寫，便能夠幫助我們有效且容易維持在相對高點的情緒能量。因為當我們開始書寫時，過程中可以幫助我們的腦波進入希塔（θ，Theta）波的狀態，此時身心狀態是處於最寧靜、創造能力最好、對事情洞察能力最佳的狀態，而希塔腦波狀態便常出現在靜坐、禪定時。

這也就是為何我會建議，大家若想要踏上豐盛之路、實現豐盛生命，可以從「感恩書寫」開始的原因。結合「感恩」與「書寫」，更能幫助我們時時刻刻養成感恩的習慣，並且將「感恩之心」深植於潛意識信念當中，常保持在高點的情緒能量狀態，自然便容易吸引豐盛的人事物與能量！

「感恩書寫」最主要的核心關鍵，並不單純在於書寫的「內容」，而是要在書寫過程當中用心去「體會」、「感受」這「感恩的感覺」，才是最重要的核心關鍵！這道理如同念經，如果只是「有口無心」，那自然成效大打折扣。如果只是為了應付、求個心安，因此書寫感恩，卻沒有打從內心培養、深植「感恩之心」，那麼書寫再多、再久，不僅沒有成效且浪費時間，如此一點意義都沒有。因此謹記無論書寫的內容、對象為何，在書寫過程中，能夠讓自己沉浸在「感恩」的狀態，

才是感恩書寫最重要的練習關鍵。

　　舉個例子：「感恩渺小的自己」，以這個書寫主題而言，並非是要著重在「渺小的自己」。許多人看到此書寫主題後，便會開始去描寫、論述自己多麼的渺小，或者是了解到自己的渺小、因而要懂得謙虛之類，甚至有些人便會陷入「討厭」渺小的自己、或是覺得自己一點都不渺小等負面情緒當中。

　　在書寫過程中，最重要的是練習運用「情感」、「感性」去體會、感受「渺小的自己」究竟對自己有什麼「好處」或「幫助」，而不是用「理性邏輯」、「分析說服」去告訴自己要懂得感恩、應該要感恩。體會、感受從來都和「理性」無關，如果只是用「理性」的方式告訴自己要感恩，通常除了效果不彰、感恩之心維持不久之外，也很容易產生反彈的心理。

　　反之，若是從「情感、感性面」著手，就能真正的將感恩之心深植心中、潛意識信念，自然由衷的發出感恩之情，感恩「渺小的自己」。如此一來我們內在狀態、情緒自然就會沉浸於正向情緒能量當中，不需要任何的「說服」、「強迫」，也能常保持在高點情緒能量，因此就能為我們的生命創造出豐盛實相。這正是長期保持豐盛心靈寫作—感恩書寫的力量所在！

手寫的祕密

　　了解感恩書寫的力量後，相信許多人都躍躍欲試。但在開始動筆書寫前，大家最常問的一個問題是：我一定要手寫嗎？可不可以用電腦打字的呢？或是可不可以用平板手寫的方式呢？甚至也有學員問過：可不可以用語音輸入？

　　先講結論：我會建議純手工打造──用手寫，效果最佳！

　　用手書寫，對於大多數的人再簡單不過！但看似簡單的一個動作，其實在我們大腦中的運作，卻是一連串複雜的反應。

　　當我們在書寫的過程中，會先從大腦負責記憶的「邊緣系統」中將文字讀取出來，交由負責語言理解的「顳葉」做分析，接著再回到主管思維邏輯、決策與學習的「前額葉」部分；而儲存在「前額葉」中的文字資訊，緊接著由「大腦頂葉運動中樞」接收訊息後，透過運動神經下達「書寫」的動作指令傳遞給手指，此時會同時配合「小腦」運作，控制手指的動作，進行書寫；緊接著寫下的文字會以「視覺圖像」的形式，透過眼睛傳回大腦中負責視覺處理的「枕葉」處理，並由「前額葉」進行記憶交叉比對，確認書寫文字的正確性，再由手指進行修正。

　　看到這邊，你是否已經大腦打結呢？其實還不僅僅如此，書寫過

程中除了上述會觸及的大腦運作與觸覺、視覺感受外，甚至有時候還有涉及嗅覺、聽覺，例如紙張、筆墨的香味，或是一邊書寫、一邊聽著音樂，都會讓大腦運作觸及更多部分與神經元。

所以透過手拿筆書寫的動作，可以有效刺激腦部的活化。不過或許有人會覺得，打字不是也是同樣的概念嗎？當我們打字時，同樣也有觸覺（手碰觸鍵盤）、視覺（眼睛看著螢幕）的啟動，這樣不行嗎？

事實上，手寫和打字最大的差異在於「文字成形階段」。當我們在打字時，雖然會涉及觸覺、視覺，但大腦並不負責「文字成形」。當我要打一個複雜的字、例如「龍」，如果是用注音輸入法或是漢語拼音輸入法，在打字的過程中，我不需要特別去思考「龍」字怎麼書寫，只要會拼音即可；此外固然有些輸入法像是倉頡、嘸蝦米輸入法，是用拆解字形的方式，但還是不像手寫時，需要「完全」知道「龍」字怎麼書寫，才寫得出來。

美國心理學教授卡琳‧詹姆斯（Karin H.James）等人曾經做過一項實驗，給五歲小孩看一張卡片，卡片上會呈現一個字母或是一個圖形，然後分配孩子用三種方式的其中一種複製卡片上的內容：一種是沿著虛線描出來，第二種是在白紙上寫／畫出來，第三種是在電腦打字輸出。接著她們透過功能性磁振造影（fMRI，functional Magnetic Resonance Imaging）掃描記錄（進入 fMRI 時，研究人員會再拿同樣的卡片給小孩看過一次），結果發現採用第二種方式在白紙上寫出文字的小孩，他們的腦部在看過圖像後，左梭狀腦迴、額

下迴與後頂葉皮層這三個區域有較高度的活動紀錄，這現象則是其他兩組的孩子沒有的反應。

詹姆斯認為，這是因為在空白紙上書寫時，需要動用到較多的腦部運作（包含大腦、小腦），不僅僅只是輸出文字，還要先「規劃」知道如何書寫出卡片上的文字，然後再動手書寫它；尤其有些文字筆畫變化較多時，更需要思考、回想等大腦運作。而當有輪廓可以描繪時或打字時，則不需要這些歷程。

同樣的，2020 年挪威科技大學的神經心理學教授奧黛麗‧范德米爾（Audrey van der Meer）曾針對 12 位年輕人與 12 位孩童進行大腦活躍活動的研究，每一位參與者頭部戴著靈敏的傳感器，接收大腦運作時所產生的電脈衝，分別進行 45 分鐘的手寫、打字和繪畫測試。研究結果顯示，相較於打字，年輕人與孩童的大腦在手寫時都更加活躍，研究者在手寫者身上接收到每分鐘 500 個數據點。

范德米爾解釋，「通過書寫，大腦中的記憶區變得更加活躍。書寫時，手部進行的複雜動作刺激了運動神經元，加上眼睛看見自己寫的字、耳朵聽見書寫時發出的聲音，這些都產生不同的感知作用，使得大腦不同區域間產生聯繫並且激活大腦使其準備好學習，因此我們會學得更好、也能記得更多。」

除了上述科學佐證之外，我建議手寫還有一個重要的原因：手寫的能量與溫度。先不論筆跡的優美與否，當我們拿出紙張，手握著筆

桿開始書寫的那一刻，大腦控制手腕，將力道傳遞至指尖，每一筆隨著內在情緒波動，都有著不同的筆觸、力道、情感，可以振筆疾書，也可以緩慢細膩，忠實的呈現內在情緒與潛意識的反應，幫助我們可以更深刻的感受、體會內在的自我，這絕對是打字無法比擬的感受與體驗。

不過也常有人問到：「使用平板手寫和傳統手寫的手寫體驗比較接近，而且隨著科技發展，兩者間差異微乎其微，那是否可以使用平板手寫取代呢？」

先不論傳統手寫接觸紙筆媒介的觸感，和使用平板電腦的觸感不同，還有另一個更重要的原因在於：比起「平板手寫」，「傳統手寫」是我們一開始對生命有認知和學習、認識這個世界時，首先接觸的方式。雖然兩者的手寫過程，都能觸發前額葉，進入希塔腦波，喚醒、回憶許多潛意識信念和過往記憶，但論及「觸景生情」時，傳統手寫則更接近我們從小到大的情境和使用方式，效果更佳。

當然隨著科技發展、社會演化，未來的孩子可能是先接觸到「平板手寫」，屆時可能是使用「平板手寫」比較理想。不過不妨回想看看，當我們都還是嬰兒、孩提時期，其實最早運用的方式還是「傳統手寫」，關鍵點仍舊以我們成長過程中最先接觸的方式為主。

因此建議不管如何，不要急著想要使用電腦打字、語音輸入或平板寫字等方式替代傳統手寫方式，先嘗試讓自己步調放慢下來，拿起

紙、筆，開始書寫，在書寫過程中，去體會與感受內在情緒之反映，
相信你會有更佳的生命體悟喔！

七分鐘的祕密

很多人初次接觸豐盛心靈寫作，第一個問題常常是「為何是 7 分鐘呢？」為何不是設定其他的時間呢？

當我們在書寫的過程中，會先從大腦負責記憶的「邊緣系統」中將文字讀取出來，交由負責語言理解的「顳葉」做分析，接著再回到主管思維邏輯、決策與學習的「前額葉」部分，進行資訊判斷與暫存等一系列複雜的程序流程。

最重要的是，在書寫的過程中，會刺激大腦運作，讓腦波由平日工作的 Beta（β）貝塔腦波轉換為 Theta（θ）希塔腦波狀態，即是從有意識狀態進入潛意識的狀態。因為希塔腦波屬於「潛意識層面」的腦波，負責存有記憶、知覺和情緒，並且主管影響態度、期望、信念、行為。它同時也是創造力與靈感的來源，常發生於深睡作夢、深度冥想與心靈覺察時。

書寫的過程可以幫助我們進入希塔腦波、進入潛意識的狀態；但如果只是短暫的書寫，較容易仍停留在貝塔腦波的狀態，因為一開始書寫時，還無法靜心、專注，比較容易有雜訊或干擾。通常書寫至 4~5 分鐘後，才會比較容易進入希塔腦波潛意識的狀態，觸發一些潛意識的信念、憶起過往關鍵的人、事、物，進而可以發現問題並改變信念。

所以我通常會建議要書寫 7 分鐘，才不會剛書寫到要進入希塔腦波、潛意識的狀態時，就中斷囉！

　　如果書寫超過 7 分鐘呢？其實書寫超過是沒有問題的！不過有時候剛開始書寫的過程，如果一下子書寫太久，會容易手痠而造成注意力分散。就像運動的道理一樣，太久沒有運動，一開始就過量運動，便容易鐵腿，甚至覺得太累而放棄。因此我會建議一開始書寫，最適當的時間為 7 分鐘，同時也最具 CP 值（性價比），花費相對較短的時間，卻同樣能達到進入希塔腦波、潛意識的狀態。

　　此外，有一類人平時善於用理性邏輯、思考分析，針對主題書寫時，不太會有寫不出內容的問題。例如同樣是「感恩金錢」的主題，他就會用邏輯理性、思考分析，告訴自己「當然」要感恩金錢、沒有錢萬萬不能等等「理由」，這樣的方式不是不行，但是通常大腦在運用理性邏輯、思考分析時，比較容易停留在貝塔腦波的狀態，這樣就比較不容易觸及潛意識和發現內在底層信念。

　　在課程中我發現，一般人若是依照豐盛心靈寫作的方式書寫（7分鐘不中斷、持續書寫，後續章節會詳細介紹書寫方式），通常在第5~6分鐘時，就會比較容易遇到「瓶頸」，想不到可以書寫的內容、或是可以寫的都寫完了，這時候就容易開始「胡思亂想」。有趣的是，因為是「胡思亂想」，則可能是突然想到某個人、或是突然想到某件事情、或一些無關主題瑣碎的事情，不要小看這個胡思亂想的過程，這正是打破「理性邏輯」、進入到「非理性邏輯」的關鍵！

為何在書寫這個主題時，會突然想起某人、某事、某物？並沒有一定的邏輯性，甚至也不清楚這些人、事、物和主題的關聯性，表面看似無關，但這些胡思亂想的念頭，往往會透露出一些內在聲音和潛意識信念，循著這些線索便容易找到造成目前「情緒卡關」的關鍵因素。

　　因此，這也是豐盛心靈寫作會建議書寫 7 分鐘的第二層意涵：將書寫的時間拉長，使書寫過程不會全部只停留在「理性邏輯思考」的狀態，而留有一點點時間「胡思亂想」，幫助自己進入希塔腦波的狀態！

豐盛心靈寫作
和自由書寫之差異

教授豐盛心靈寫作課程時，許多學員都是因為先接觸或是對於「自由書寫」有興趣，而找到「豐盛心靈寫作」和「心靈寫作」。大多數人都會對於「豐盛心靈寫作」、「心靈寫作」和「自由書寫」三者之間有何差異產生疑問，甚至許多人會認為「沒有差別」，都是屬於自由書寫的一種。事實上我認為這樣的認知與界定，並沒有太大的問題，因為「自由書寫」的界定範圍是非常廣泛的。

「自由書寫」顧名思義，就是可以「自由」的書寫，想要怎麼寫就怎麼寫，沒有一定的形式和方法。坊間有許多推動自由書寫者，可能會強調自由書寫的過程，要保持「持續書寫不中斷」，例如通常是設定一段時間，開始書寫，書寫過程中想到什麼就寫什麼，儘量不要停筆以及停下思考。這樣做法的確有其好處與目的性，這部分容我之後詳述。

不過我個人認為，既然稱為「自由書寫」，就不需要有特定的規則或是書寫方式，想要怎麼寫就怎麼寫。就像我在課程中常說到：「能開始書寫，就是好事！」甚至有時候我會建議學員，如果真的心很煩、遇到繁雜事情等，使得自己完全沒有動力、心情想要拿起筆來書寫，

那至少拿起筆在紙上亂寫、亂畫一分鐘。這一分鐘的時間，就能夠有效的幫助我們將一些情緒能量宣洩，幫助心緒穩定、安靜。

如同前面篇章「書寫的力量」所提，書寫本身對於身心健康有很大的助益，只要願意開始動筆就是好事，即便只是亂寫、亂畫。因此我比較主張「自由書寫」，不需限定、在意任何的規則或是書寫形式，只要開始動筆，就是好事。

那麼自然有人會問到，「豐盛心靈寫作」、「心靈寫作」和「自由書寫」的差異，究竟該怎麼區分呢？

不管是「豐盛心靈寫作」或是「心靈寫作」，都和「心靈」有關。既然稱作「心靈」，書寫的內容與方向，則不會和「自由書寫」一樣的「自由」，並非單純書寫，而是會比較具有「目的性」的書寫。「豐盛心靈寫作」、「心靈寫作」的目的性和書寫主題大多會偏向探索自我內在、心靈議題等，透過書寫過程能夠讓自己的情緒得以抒發，並且在書寫的過程中，發現自己內在的信念、價值、觀念、潛意識等等，進而有機會更認識自己、改變自己。

因此簡單的區分「豐盛心靈寫作」、「心靈寫作」和「自由書寫」這三者，關鍵在於書寫內容與目的是否涉及「探索自我與潛意識信念」。自由書寫就是單純、沒有特定目的的書寫；而「豐盛心靈寫作」、「心靈寫作」則較具有目的性，透過書寫展開與內在自我的對話。

或許有人會有疑問，「難道自由書寫不會涉及自我探索嗎？」事實上許多帶領、引導自由書寫的過程，常常都會牽涉到自我探索或是與內在對話的層面，我也常見到許多想要嘗試自由書寫的學員，其實都是希望透過書寫，開始與自我內在對話、認識自己。

因此自由書寫本身沒有一定的侷限和框架，它可以是一個大集合，包含「豐盛心靈寫作」與「心靈寫作」。許多時候自由書寫的過程，其實就是心靈寫作的過程；而心靈寫作的過程本身，就是自由書寫的環節。真的需要特別去界定嗎？我不認為一定要這麼嚴格，如同前述所說：「能開始書寫就是好事！」只要書寫的過程對於自身有幫助，就是最重要的收穫囉。

話雖如此，相信看到此處的你，不會單純僅是巧合，你可能正在經歷人生中的逆境、低潮，也可能正是意氣風發、順風順水的階段。不論你是正處在何種人生階段，必然是宇宙造物主、愛的源頭正引導著你踏上豐盛的道路，因此我想特別跟你分享「豐盛心靈寫作」的書寫方式與概念，相信會更有助於你踏上豐盛之路。

　　「豐盛心靈寫作」和「心靈寫作」都有一個重要的目的，是為了「探索自我與潛意識」，而「豐盛心靈寫作」的目的性，則是更為深層、更為明確，就是希望能夠透過書寫，之後達到「豐盛」的境界。豐盛的境界有許多不同面向，例如財富豐盛、生命豐盛或心靈豐盛等。不過要達到豐盛的境界，並不是僅僅透過喊喊口號，或是靠著正向意念、正向思考便能夠達到，在這個過程當中，其實是需要經過一段「往內探索」的階段，發現我們自身固有觀念、內在潛意識信念卡住的原因，並且嘗試改變、解鎖以及改變信念，才能夠真正的一步一步越來越靠近豐盛。

　　舉個常見的例子：如果你憎恨有錢人，那你自然很難成為有錢人。為什麼呢？因為你內在觀念、潛意識的信念討厭「有錢人」，假若某天你成為有錢人，那不就會變成「你討厭你自己」？因此我們潛意識的運作就不會讓這種事情發生（潛意識的目的就是保護我們自身，不讓我們受到危險）。透過書寫，我們則能夠往內層層抽絲剝繭，釐清我們討厭有錢人的深層原因，並且透過書寫與自己對話的過程中，漸漸的改變固有觀念及潛意識信念。

因此「豐盛心靈寫作」不同於「心靈寫作」只在於「探索」與「發現」，更深層的涉及另一個層面：「改變」。透過書寫展開與自我內在的對話，反覆往內在心靈探索、挖掘，找到問題的根本原因，進而改變觀念與內在潛意識信念，幫助我們越來越接近「豐盛」境界！

認識自己、面對自己，進而改變自己這一個蛻變的過程，需要許多的勇氣。恭喜你勇敢的跨出第一步，走（看）到這裡，非常值得為自己的生命喝采！不用擔心接下來的旅程，如同古語所說：「行遠必自邇」，只要開始動筆書寫，便已經是踏上豐盛之路。我們一起前行、一起加油！

自由書寫：能夠讓內在情緒宣洩、創意自由流動。

心靈寫作：能夠讓人更認識自己、更認識潛意識的作用。

豐盛心靈寫作：可以讓人生徹底改變、創造人生！

豐盛心靈寫作方式

　　從小我就非常喜歡探索有關生命、生死以及一些外星人、奇幻、奇異等議題，而且我非常喜歡寫作以及與人討論此類的話題，更特別的是每次在與別人分享時，都會有靈光乍現的「啟示」，也加深了我更喜歡跟別人討論與探索，因為每次討論、聊天的過程當中，我都會獲得「新的啟示」。

　　無獨有偶，我發現這個現象也發生在我教學的過程當中。每次在教學過程當中，都會有些新的靈感與啟示，讓我知道某個觀念可以怎樣換個說法、學員更容易理解，或是突然知道應該怎樣操作分組演練、互動，會讓課程有更佳的效果。因此，有兩個概念一直深植在我心中：「捨得」與「互動」。有「捨」才有「得」，越是跟人分享、互動，反而在過程當中我自己的收穫更多。

　　從小我非常喜歡寫作（創作），寫寫小說、寫寫散文，並沒有真的受過什麼作文的訓練，單純喜歡創作，寫寫自己的想法，總覺得有許多想法、念頭可以跟大家分享，因此就東寫西寫，亂寫一大堆！一直以來，都覺得書寫是一個幫助自己釐清許多內在思緒的方式。

　　10 幾年前，我在偶然的機會下接觸到娜妲莉・高柏（Natalie Goldberg）《心靈寫作：創造你的異想世界》一書，覺得「心靈寫作」

一詞命名得真好，書尚未完整看完，便上網搜尋「心靈寫作」，發現原來早就有人在帶領「心靈寫作」和「自由書寫」。突然間，不知道從哪冒出的勇氣和想法，覺得我應該也來帶領「心靈寫作」，於是乎便在我的網站當中發了一則「心靈寫作」開課的訊息。或許是因為當時的我已經是許多創業、簡報競賽的評審和講師，也有將近十年接觸身心靈領域的經驗，因此累積了一些粉絲和學員，發了課程訊息後，很快便有學員報名，於是乎也很快就展開第一次的課程。

第一次的「心靈寫作」課程，我其實內心忐忑不安。自己會書寫和教人書寫，是完全兩碼子的事情，而且坦白說對於「心靈寫作」究竟該怎麼定義、或怎麼上課，心中並沒有個譜，我也完全沒有上過別人帶領的心靈寫作，至於娜姐莉・高柏的心靈寫作一書，我也只是翻了前面的章節，並沒有真的完整看完，單純是憑著莫名的直覺和靈感，覺得應該開課，便開始了。

更扯的是，直到第一天上課前，對於課程應該上什麼、以及應該怎麼進行，我其實完全沒有準備和想法。你真問我為何「這麼敢」，我只能說真的是信任直覺以及保持祈禱。雖說如此，其實這也是靠平日點點滴滴的累積。當時我常常需要負責辦一些活動，很多時候，並不是我自己多厲害，而是透過祈禱，常常都會帶給我許多靈感和啟示；也因為有類似的成功經驗，因此我才敢信任直覺、以及相信祈禱的力量。

上課時，簡單的自我介紹以及請學員互相自我介紹，直到此刻我都還不知道等會兒要怎麼開始上課；但是當所有學員自我介紹結束之

後，我準備開始上課之際，神奇的事情便發生了！

　　如今每次想起這一刻，仍舊歷歷在目、印象非常鮮明。那時候在我的腦海中，出現一個非常清晰的畫面，讓我看到一張紙，將其分成三分之二、三分之一，而我就順應著腦海中的畫面，將其說出讓學員跟著操作一次，接下來課程的每個步驟，就這麼自然、流暢的進行著。這是我第一次深刻的體會到「被造物主、宇宙源頭愛的能量帶領」的感覺，過程是如此的自然、完全的借力使力、不費力，奇幻又驚喜！

　　當下的我，其實和學員是同步第一次接觸到這樣的書寫方式。我自己平常雖然會書寫，但是從未如此嘗試過，想當然爾，那時候的我，一邊接收腦海中浮現的畫面、一邊說出時，腦中不免有許多的問號產生：左邊是書寫主題，右邊是書寫雜訊和潛意識，真的可以嗎？這樣的方式會有幫助嗎？有效嗎？會不會讓思緒更複雜呢？

　　經過數年教學「豐盛心靈寫作」，透過許多學員的回饋與見證，上述的問題早已經不再是問題，從問號轉換為驚嘆號！驚嘆造物主、驚嘆宇宙源頭愛的能量的神奇，不僅僅書寫方式簡單、易學，而且很容易幫助大家可以輕鬆的「抓到」潛意識信念，並且還能夠進一步的幫助自己改變潛意識信念。

　　在此，容許我先回過頭來談談自由書寫的方式。

　　許多帶領自由書寫的活動與課程，都會強調一點：「書寫過程儘量不要停止書寫或停下思考。」其中最重要的關鍵是因為，當我們開

始書寫時，會刺激大腦運作，讓腦波由平日工作的 Beta（β）貝塔腦波轉換為 Theta（θ）希塔腦波狀態，即是從有意識狀態進入潛意識的狀態。當我們停下「思考」時，就容易重新回到有意識的狀態，因為「思考」本身就是一個理性、邏輯的階段，自然就容易回到有意識。因此如果書寫過程能夠保持持續書寫，想到什麼就寫什麼，不要有一絲空間讓腦袋進入「思考」，就比較容易保持在希塔腦波，而深藏在潛意識中的信念、記憶就比較容易浮現，幫助我們找到問題的根本原因。

但是自由書寫的方式，容易產生兩個問題：一、沒有訂定明確的主題與方向，雖然書寫許多內容，但最後容易發散，不容易聚焦在問題點，自然也就不容易探索到問題的真正關鍵原因；二、不中斷的書寫方式，雖然能夠幫助我們進入希塔腦波，但重新回頭看書寫完的內容時，有時候會較為凌亂，雖然有記錄浮現的潛意識，卻不容易整理與釐清。

「豐盛心靈寫作」的書寫形式如下：

一、首先訂定一個你想探索的問題

例如你可以自行訂定金錢、生命、親子關係等等，也可以隨意的翻閱此書後面的主題，作為你每次／每日書寫的主題。

感恩書寫主題：	/ /
感恩書寫內容	潛意識信念或雜訊

左邊書寫和主題有關的內容，右邊則是記錄書寫過程中、和主題沒有關係的內容。舉個例子，若以金錢為主題，左邊就是開始書寫「感恩金錢」相關的話語和心情，右邊則是記錄在書寫過程中、任何想到和「金錢」無關的事情或想法，甚至突然想起的一些生活中的瑣事（垃圾沒倒、東西忘記買等），都記錄在右邊。

「豐盛心靈寫作」的書寫原則如下：

原則一、設定 7 分鐘

設定書寫時間 7 分鐘。注意！「至少」要 7 分鐘，可以超過，但不能少於 7 分鐘。如果有一個主題你覺得書寫過程欲罷不能，不用在意時間限制，可以一直書寫到你覺得想說、想寫的都已經寫完才停筆，但是書寫過程不能低於 7 分鐘。如果真的寫不出來怎麼辦？請看

書寫原則二。

原則二、不中斷書寫

設定書寫時間 7 分鐘，過程中請不要中斷書寫或是停下來思考。過程中會遇到想不到寫什麼、或是不知道要寫什麼，就請你在右邊（潛意識信念或雜訊區）持續的書寫：「想不到寫什麼」、「不知道要寫什麼」、「寫不出來」等等字句，你腦中想的是什麼就寫下來，如下：

感恩書寫主題：	／　／
感恩書寫內容	潛意識信念或雜訊
	寫不出來寫不出來寫不出來，好煩喔，這題目很難，不會寫，還能寫什麼，時間怎麼還沒有到

這樣可以避免回到慣性，進入邏輯思考、停頓去想要寫什麼，反而控制了書寫內容，而不是真正的讓內在聲音和潛意識信念有機會出來說說話。

另外如果你書寫到一半，突然想到某件事情沒有做（垃圾沒倒、家事沒做等）、某個人很煩，都一樣先記錄到右邊區域。這些有時候都是反映出潛意識想說的話，例如寫「感恩金錢」，寫到一半，突然

想到父親以前小時候說過的話（例如要節儉），都有可能是造成你成長後金錢觀念的關鍵原因。

　　因此請注意，書寫過程不要思考和判斷，單純想到什麼就寫什麼；突然想到某些人事物，都不會是單純的巧合，那正是我們內在聲音、潛意識想帶給我們的訊息。只不過平常我們都太過於忙碌，沒有靜下心去聆聽內在聲音，而忽略了這些訊息。

　　為了比較好找出潛意識脈絡和比對內容，在書寫過程中，左邊寫到一半，突然想到什麼事情，就記錄在右邊同樣的「平行」位置，不用從右邊最上面開始寫，例如下圖：

感恩書寫主題：	／　／
感恩書寫內容	潛意識信念或雜訊
很高興與你的相遇！我深信宇宙間的萬事萬物沒有巧合，冥冥之中都有最好的安排，相信是宇宙源頭愛的能量牽引，讓我們有此天緣奇遇！	宇宙源頭、信仰
或許此時此刻的你，有些茫然、失意；或者是帶著尋找問題的答案、尋找人生的意義而來；更可能是渴望找到快樂人生、以及富足、豐盛的生命而來，當然也有可能純粹是因為好奇，無意間翻起這本書，無論是何種原因，相信都是源自於你靈魂對於愛的極致渴望，因而與宇宙源頭愛的能量共振，帶你踏上這趟專屬於你愛的奇異旅程。	生命意義？ 喜歡愛的奇異旅程！
在這趟旅程當中，我將陪伴你一起走過 33 天、每天 7 分鐘的豐盛心靈寫作書寫之旅程，和你一起探索內在心靈蘊藏的無窮巨大能量。	

如此可以方便於左右對照，寫到什麼內容時，引發內在什麼情緒和想法。有時若手寫速度來不及、或是念頭一閃而過，只要在右邊簡單的記錄關鍵字或做個記號，自己知道代表什麼，方便重新閱讀時、可以回想即可，不用將想法、念頭完整書寫下來。

原則三、不要在意錯字、注音、標點符號

原則三的目的，最主要是確保原則二：不要中斷書寫。當我們在書寫過程中，可能會遇到不會寫的字或是寫錯字，這些都不必在意，你可以畫個圈圈或是用注音的方式，知道自己在寫什麼字就好，不要因為不會寫，而停頓下來。如果是遇到寫錯字，也不用特別劃掉重寫，知道在寫什麼就好，往下繼續書寫。不要讓書寫和思緒中斷，才是最重要的！

按照上述原則展開「豐盛心靈寫作」，一開始會有些許不習慣，尤其是針對第二原則：不中斷書寫。大多數的人最容易就是卡在要寫什麼，甚至是寫什麼才是對的，這樣一來就會造成停頓下來思考，中斷書寫。這現象在一開始是正常的，因為我們都很習慣按照原來的方式和邏輯思考，要打破原先的框架並不容易。對自己有點耐心，多嘗試、練習幾次後，就會越來越熟練。

要特別記住一件事情，豐盛心靈寫作的關鍵並非在於書寫的內容以及其好壞優劣，真正的關鍵在於「記錄」下書寫過程中腦海所浮現的所有想法、念頭，因為這些才是「真實的自己」，也才是內在聲音

和潛意識想要表達的訊息。

書寫過程是一種誠實對待自己、耐心傾聽自己、也是愛自己的一種體現。我們多久時間沒有真正靜下來去傾聽自己內在的聲音以及需求？書寫過程中，我們僅需要專注的傾聽內在，洞察自己分分秒秒的心念、想法，最不需要的就是「思考」。思考僅僅只是將我們拉回慣性，用理性、邏輯思考，用有意識的層面去面對自己，這本來就已經是平日間的「慣性行為」。而書寫過程則是幫助我們打破原先生活、生命的框架，不要想太多，直接書寫，想到什麼就寫什麼，不斷書寫就好。

在 7 分鐘的書寫過程中，一刻也不要停止，腦袋不要停止下來「思考」，持續手寫，可能會手痠、可能會腦袋空白，這些身體上的限制，反而可以帶來心靈突破，讓我們有機會去正視自己的內在、探索潛意識信念，找到缺乏安全感、否定自我價值、無法豐盛等問題的根源！

書寫過程中，我們不需要去評斷自己好壞、對錯，單純書寫、單純記錄就可以。這過程其實也是幫助我們開始學習包容與原諒自己的第一步，只要開始書寫就是好事，就是開始學習愛自己的第一步！

怎樣從書寫中覺察與改變潛意識信念？

書寫後檢視

　　書寫結束後呢？接下來要做什麼？許多人常會問一個問題：「書寫後，是不是要重新檢視和閱讀剛剛書寫的內容呢？」這答案是也不是，我通常會建議不需要刻意重新去閱讀書寫內容。

　　有些人是透過書寫達到舒壓、宣洩情緒，書寫對於情緒宣洩絕對是非常棒的一種形式。有的人顧慮書寫是不是一定要寫「正向、正面」內容，其實這倒不需要，甚至我會覺得不要都只是書寫正向內容，有什麼就寫什麼，真的遇到糟糕的人事物，心中有委屈、鬱悶、不悅等情緒，就寫下來，不要壓抑；越刻意要寫正向內容，越壓抑自己內在情緒，最後反而會造成更大的反彈。記得嗎？前面我有提到，即便是拿起筆亂畫、亂寫一分鐘，都是很有幫助的。所以如果單純以情緒宣洩的角度而言，書寫完就可以，不需要再重新去閱讀。

　　如果你是帶著目的性，想要追求生命答案或是想要更認識自己、了解潛意識信念運作，我便會建議書寫完之後，重新去檢視「右邊」的書寫紀錄。沒錯！是右邊、而不是左邊的主題書寫。為何呢？左邊

針對主題的書寫不是更重要嗎？更能反映對於主題的看法或是觀念嗎？是的！常理而言的確是如此，不過通常左邊針對主題的書寫內容，會比較停留在有意識層面或是已知和慣性當中。

簡單的說，左邊的書寫內容，大概都是你原先成長歷程已經建立的既有認知與觀念，可能是受到長輩、父母、師長、同儕之間的影響，也有可能是你的學習環境、工作環境塑造而成的。這部分的書寫內容的確也是很重要，但在「豐盛心靈寫作」中，我會更建議注意右邊的書寫內容，這些內容反而更容易凸顯你目前的心境、感受以及潛意識信念。

那怎麼覺察書寫過程中產生的潛意識信念呢？以下提供三個面向，供大家參考：

第一，看到書寫主題的反應

人跟人的第一印象很重要！同樣的，我們跟書寫主題的第一印象、第一接觸、第一反應也很重要。當我們第一時間看到書寫主題時，內在情緒和反映，便已經凸顯出我們對於該主題是否卡住、抗拒，或是已經過關、內在充滿喜悅。例如：有些人寫到「感恩父親」、「感恩母親」這類主題時，因為過往小時候有些不好的際遇和記憶，一看到題目可能就已經掀起內在情緒，覺得反感、反彈，「他們對我這麼糟，有什麼值得感恩的呢？」看到「感恩金錢能量」，可能第一時間就覺得，「又來了！每次也是講金錢和感恩，日子還不是一樣糟，感

恩了就會有錢嗎？」

　　所以有時候還不需要動筆書寫，光看到書寫主題時，只要細心覺察內在情感、情緒反應，就會知道對於該主題是否有隱藏的潛意識信念，以及該主題是否已經過關。

　　如果遇到上述情況，不用逼自己一定要寫出「感恩」和「正向」的內容，如果還沒有準備要面對，就先放著即可，至少先發現問題。就像在醫學上，外傷看得到的都好處理，最怕的是像脂肪肝、肝癌這類「內傷」（疾病），平常看起來都好好的，但是因為比較不容易發現，無法即時治療，等到發現時，通常已經是末期。因此面對自己時，沒有準備好處理內在問題沒關係，至少先發現問題存在，就是好事。

　　如果想要面對問題，找到根源的問題和潛意識信念，最簡單的一個方式，便是運用「問句方式」，繼續書寫。例如，你可以繼續書寫「我為何無法感恩父親？」、「為何我心中感到憤怒呢？」、「為何我剛剛好像有OO的情緒反應？」或是「我為何寫不出來？」都可以，嘗試將自己卡住的地方、問題，透過對話問答的方式，繼續往下書寫。

　　為何是用「問句」的方式呢？

　　我們先試著看看這些潛意識信念，例如：我不可能輕鬆賺到錢；我無法成功；我註定會失敗；我沒有偏財運；我不適合投資，一定會賠錢，你有沒有發現這些潛意識信念或是內在底層的限制性信念，其實都是一句「100% 的肯定句」？從小到大，不管是家庭環境、教育

背景、同儕影響，許多的潛意識信念、價值觀都已經是根深柢固、深信不疑，不容易有所動搖。因此最簡單的一個方式，就是透過書寫「提問」方式，展開與自己內在的對話，讓這些潛意識信念開始有鬆動的可能性，創造出改變潛意識信念的契機。

有人會想說：真的這麼簡單嗎？本來就已經卡住寫不出內容，重新書寫會不會還是一樣寫不出來，會不會一直在重複循環？又或者會不會越寫問題越多、越發散？甚至有學員問會不會越寫越糟？

相信我！大部分人再重新書寫一次、兩次後，便能在書寫與自己對話的過程中，很自然的就會找到原因和答案。就像「吸引力法則」所說：「當你真心渴望某件事物，整個宇宙都會聯合起來幫助你完成。」當你真的渴望面對、找到答案時，在書寫過程中，你便會獲得專屬於你的「靈感」和「啟示」。真正要擔心的是問自己：「你真的想要面對問題嗎？」如果在書寫過程中，你還是要「說服自己」、「假裝我很好」，那自然怎麼書寫都不會有效果喔！

第二、書寫過程中的內在反應

當你書寫完成之後，可以重新去體會書寫過程中，是否有卡住的地方或是內在是否產生負面情緒，甚至有可能發現書寫內容都是「自我說服」。

以下列出幾種書寫過程中會有的情況以及因應、覺察方式：

書寫過程卡住、沒有靈感

如果在書寫過程中出現「卡住」、「沒有靈感」，寫不出任何內容，7 分鐘書寫過程，都停在「我寫不出來、我不知道要寫什麼」，然後右邊整個寫滿「我寫不出來、我不知道要寫什麼」的句子，記住，在 7 分鐘內，即便寫不出來，也要保持不中斷書寫，想不到就寫「想不到」，寫不出來就寫「寫不出來」，腦筋空白就寫「腦筋空白」，大腦裡想什麼就寫什麼，即便看似廢話。（請見「豐盛心靈寫作方式」的篇章）

通常會有這種情況，主要代表對於該書寫主題有很大的抗拒，或是內在潛意識中存在某個事件、信念讓你能量卡住。記住不要因為這樣，就覺得「應該」寫出點什麼，就算整個 7 分鐘都「寫不出來」，也沒關係！雖然看似寫了一大堆「廢話」、沒有用的內容，但其實透過這個書寫過程，便是已經開始在幫助你清理內在負面與卡住的情緒能量，只要不放棄，持續書寫，自然就會越來越好，找到底層的問題。

書寫過程遇到負面情緒

許多人在書寫過程中會產生負面情緒，例如覺得憤怒、悲傷、痛苦、委屈等等，該怎麼辦呢？有些人會覺得「感恩書寫」，就應該要「感恩」，不應該有這些負面情緒或被影響。甚至有些人聽過「吸引力法則」、要「正向思考」，會覺得不應該去想或書寫「負面情緒」，擔心這樣會越寫越糟糕，甚至吸引更多負面能量！

正向、正念、感恩這些觀念本身都是對的，但是成功關鍵是內在

的負面情緒、能量要先清除，如果只是一味的「逼」自己、「理性」告訴自己要正向思考，或是一直告訴自己要「轉念」，那是沒有用的！這就像是房間已經充滿一堆垃圾（負面情緒、能量），我們將這些垃圾集中，藏在沙發或是地毯底下，看似房間打掃乾淨，實則敗絮其內，不僅沒有真的清除垃圾，更會因為隱藏垃圾、累積垃圾，而產生更多的蚊蟲、蟑螂、老鼠等病媒，最後整個房間只會變得更糟糕、垃圾無所隱藏、惡臭撲鼻。

因此書寫過程中遇到負面情緒時，不用急著告訴自己要正向、感恩，反而應該靜下心來，聆聽自己的內在聲音，將這些負面情緒書寫下來，讓其有一個健康的宣洩管道，好好的清除房間垃圾，才是讓房間煥然一新的根本方法。

所以不用擔心書寫負面情緒，會吸引更多的負面能量，反而透過書寫，將負面情緒記錄下來，才是真正健康的方式，幫助自己讓內在情緒能量得以流動，而不是一直用壓抑的方式，將負面情緒能量放在心中，最後導致內在情緒崩潰、爆發。

寫後發現原來我不曾好好傾聽自己內在的聲音，透過豐盛心靈寫作，看見冰山底下原來我還有這些想法，潛意識信念一層一層的剝開，內在的衝突矛盾，我還在寫，還在摸索，謝謝自己願意書寫，讓我更認識自己，感受到內在的力量增強，我的心也比以前更加的喜悅。

豐盛心靈寫作學員分享——碧燕

記得所有書寫過程中的卡住反應、冒出負面情緒，都是幫助我們覺察，而更加認識自己，不需要自我批判、對立，這些發現反而更值得高興，讓我們有機會真正的去認識自己、愛上自己！

第三、書寫過程中突然想到的人事物

當我們在書寫時，尤其不中斷書寫時（手會很痠，沒錯！這樣代表有達到效果！），書寫過程會激發前額葉運作、觸發潛意識，如果書寫過程中突然冒出跟主題沒有關係的人事物，絕對不是「巧合」或胡思亂想。在書寫過程當中，記得特別注意和覺察這個部分，並且快速的將其記錄在書寫內容的右邊，不需要完整記錄，有時候快速記錄關鍵字或是畫個符號都行，目的只是方便書寫完成後，重新閱讀時，可以幫助自己回憶、記起即可。

這些突然冒出的人事物、想法、念頭，其實正是書寫時激發潛意識區域而產生的訊息。這些訊息對於幫助我們認識自己、了解自己，以及針對書寫主題進行更深層探究，有很大的助益。有些潛意識訊息，可能一看就知道代表的意涵，有些潛意識訊息，則可能完全看起來無關。記得這不會是「巧合」、「胡思亂想」，如果完全無關或一時不知道訊息和書寫主題的關聯性時，至少先記錄下來；可能在某個散步、洗澡的時間，就會突然有靈感、啟示，幫助你了解真相與答案。

此外還有一個方式，便是「繼續」針對冒出來的訊息和念頭「追問」下去（如同前述所說的提問方式，繼續書寫下去！）。舉例來說，

有次一個學員書寫「感恩已經是財富自由的自己」的主題時，突然腦海中冒出一個小學時候認識的修女。她說自己並非教友，只是剛好學校旁邊有教堂，有一陣子，當她放學後在學校等父母來接送時，修女見她一個人在校門口，就會特別關心她、和她說說話，陪伴她到父母來接送為止。那段時間其實不到一學期，後來因為父親工作，她就轉學了。她自己已經很久沒有想起這段往事，覺得很奇怪，怎麼是在書寫「財富自由」的議題時，突然想起修女和這段往事。

看似沒有關聯性的兩個主題，為何會在此刻被想起呢？於是乎我請她繼續書寫，題目就是「為何此刻我會想起修女？」一開始書寫，她也是一直卡住、一直寫「想不起來、不知道、不知道……」，寫到快 6 分鐘，都還是「想不起來、不知道、不知道……」；快 7 分鐘時，她突然想起一件事：

原來那時候的她，父母非常忙碌，雖然家境不錯，但是她常常要孤單一人站在校門口等待。那時候，在她幼小的心靈便種下一個想法：「以後我不要像父母一樣，賺這麼多錢，卻都不能來載我。」對於當時的她，其實這也就是一閃而過的想法，長大之後也沒有特別想過，但其實它已經在潛意識種下一個信念。一旦發現這個信念，便有機會改變，或許可以一邊賺很多錢，一樣擁有生活品質，也可以兼顧子女教養！

修女和財富自由，看似不相關的兩件事情，但卻隱藏著過往的一個潛意識信念。因此在書寫過程當中，很重要的是去覺察書寫過程中

被掀起的情緒反應以及冒出來的念頭、人事物，並非只是注意左邊的書寫內容。

找到潛意識信念、問題後，如何進一步透過書寫改變潛意識信念？

其實方式一樣很簡單：繼續透過書寫！

大家有沒有發現，小孩子為何學習、模仿任何事物都特別快、特別好？因為大部分小孩在七歲之前，大腦腦波多數情況是處於希塔腦波的狀態（接近自然催眠腦波狀態），除了容易大量吸收身邊人不經意授予的所有觀念，更容易藉由觀察身邊人或事件帶給他的感受，而衍生出潛意識信念。（還記得前面談到小女孩和修女的故事嗎？小女孩因為父母讓她等很久，孤單一人，便建立了一個潛意識信念！）

書寫不僅能夠激發大腦潛意識區域，幫助我們覺察內在隱藏的潛意識信念之外，當我們透過豐盛心靈寫作方式，進入希塔腦波狀態時，便容易在此時幫我們自己「重新改寫」潛意識信念，這也是最有效的方式，如同催眠一般！

在練習改寫潛意識信念之前，必須先了解一件事情，所有限制性信念都是 100% 的肯定句，在我們內心當中，我們會一直肯定它（限制性信念），一直給予其能量，最後變得牢不可破，例如：「我不容易賺到錢！」、「我不可能賺到錢！」、「賺錢不輕鬆！」等等。

因此要打破限制性信念的第一個步驟，就是「問問題」，藉此打

破「肯定句」。「我不可能賺到錢！真的嗎？」、「賺錢不輕鬆，真的嗎？」生命中真的都沒有這樣的經驗嗎？或者這世界上都沒有成功經驗嗎？試著去反思、或上網搜尋反例。讓限制性信念開始「鬆動」，接著嘗試「改寫」練習，將限制性信念改成正向表述，例如「我相信我可以輕鬆賺到錢！」、「我相信我可以賺到錢！」同時去感受這個正向表述帶給你內心的感動與激情。如此一來就能夠寫入我們潛意識當中，開始運作新的信念，慢慢的開始有改變的契機！

例如，女孩發現自己有「以後我不要像父母一樣，賺這麼多錢，卻都不能來載我！」隱藏的潛意識信念之後，便可以透過書寫，展開與自我內在的對話，化解與父母間的「誤會」，以及「安慰」過往的小女孩，建立自己內在正向的信念，了解到其實一樣可以賺很多錢，一樣有生活品質、同時兼顧子女教養，不需要因為過往事件，而羈絆自己踏上生命豐盛的道路。

看到這裡，有人會有一個「便捷」的想法：「那為何不一開始就直接書寫，將正向信念、『我能財富自由』等等信念，直接『植入』潛意識呢？」當然可以！不過，如果你內在已經存在一個信念，而現在又輸入一個「衝突」的信念，那會是如何呢？可能會有效，暫時將舊有信念「蓋台」，但這種做法不是真的將舊有信念清除、化解，只有短期時效，終有一日還是會失效。就像一個瓶子，如果已經裝滿髒水，你灌注清水進去，根本灌不進去，就算硬灌進去，也會被髒水污染。

所以要先清除內在「髒水」，這樣正向能量、正向信念才能灌注

進去，也才有用！

　　因此要特別注意的是，如果你嘗試將限制性信念改寫成正向表述的句子時，內心有冒出「不肯定」或「懷疑」的聲音，則要記得另外先書寫，「我為何懷疑 OO 信念？」（例如「我為何懷疑我可以輕鬆賺錢的信念？」），先找出內在「不肯定」或「懷疑」的原因，重新用「提問書寫」去檢視這些原因：為什麼有這些信念？是誰告訴你的呢？是真的嗎？不要直接跳過這個階段，直接告訴自己要「正向思考」，那樣不會有任何效果。放任內在的「不肯定」、「懷疑」聲音不理、不處理，問題並不會就這樣消失，如此一來，改寫限制性信念的力量自然就出不來。

確定自己內在過關的
書寫檢核方式

當我們開始書寫一段時間後，相信大家最在意的是：「如何知道自己內在對於 OO 議題是否過關？」例如「情傷是否真的療癒了？」、「金錢議題的限制性信念是否真的有打破？」、「是否真正克服恐懼、勇於主動先去愛？」等等問題。

最簡單的檢核方式：連續針對同個主題，（至少）保持 7 天感恩書寫！

最簡單檢核自己內在針對特定議題、人物、事件是否真的「過關」，便是針對該議題、人物或事件，連續書寫 7 天（每次書寫一樣設定 7 分鐘，至少寫滿 7 分鐘，可以超過時間）。對於議題，可以寫下你內心的想法、矛盾、遲疑等等；對於人物或事件，則寫下當時的事情經過，以及內心「真正」想說的話。請注意書寫過程不需要一定要「正向」、「感恩」或是「寬恕」，只要誠實的將自己心裡想說的話寫出來即可，書寫不是要為任何人交代，不需要寫「好聽的話」。

許多人誤解感恩書寫用意，認為只能寫「正向」、「正面」的想法或語言文字。其實書寫內容本身沒有所謂的好壞之分，書寫最重要的目的，是幫助我們讓內在情緒能量能夠自由的流動。透過書寫寫下

負面情緒、話語時，正是在幫助我們清理心中被佔據的位置；這麼一來，我們才有機會填補新的正向能量。

在連續書寫 7 天的過程中，請保持以下兩個原則：

第一、堅持完成 7 天過程

我上星期針對我的前任已逝去的愛情，連續書寫 7 天，因為已經過了十幾年，我以為已經久遠，但在前 5 天書寫內容充滿謾罵灰暗，一寫頭就痛，寫的時候，好似看到前任坐在黑暗的屋子裡看著我訕笑，一直寫到第 6~7 天，才開始看到前任在陽光下面對我微笑，揮手跟我說再見……

我真的很感動……

謝謝老師！

豐盛心靈寫作學員分享——茜云

上述是學員和我分享的書寫經驗。當我們選擇願意面對時，中間過程不一定順利，有可能是崎嶇難行，有可能如同行走在暗夜叢林之中，但請記得一定要堅持完成 7 天，其中不要預設立場、不要去想今天要寫什麼、明天要寫什麼，順其自然，每天固定一段時間書寫，針對主題想到什麼就寫下什麼。在一開始書寫時，甚至有可能經歷「越寫越糟」的情況，但只要堅持，真實面對，就一定能走出來，找到生命的答案。

這道理就像是「清水溝」一樣，很久沒有清水溝，沒清的時候，

最上層還是清澈的水流；但是當你決定清理時，所有沉積的淤泥被翻攪後，水溝失去原先僅剩的一絲清澈涓流，反而看起來更髒；但是只要這個過程持續，最後清理完畢，水溝則會恢復更清澈、水流更順暢的情況。

書寫過程中，有時候可能一寫就欲罷不能，也有可能完全寫不出來，勉強只能寫出一兩句，甚至有可能寫到第三、第四天，就覺得已經都「宣洩」完畢，再也寫不出什麼。切記！不要預設立場，去猜想書寫過程會寫出什麼、會遇到什麼，順其自然，想到什麼就寫什麼，最重要的是：不管如何一定要完整連續寫完 7 天，每次書寫一定要寫滿 7 分鐘（沒有靈感、想不出寫什麼，就一直寫「想不出」，寫到 7 分鐘時間到為止），這就像我們生病吃藥一樣，要完整的走完一個療程，不要吃了幾天藥，以為好了，就自己斷藥，這樣反而容易形成抗藥性，下次要再處理就更為困難。

第二、書寫不要逼自己正向思考或說服自己

此外，在連續書寫 7 天的過程中，記得對自己多一點「耐心」與「包容」。很多人在書寫過程中，常常會寫到一半，無法、不敢或不想面對自己的「黑暗」，就會開始「說服」自己，尤其是面對父母、家人、情人的關係時，更是如此，例如「當初也不能全怪他，我自己也有錯」、「我相信他們是為我好，其實他們也是愛我的……」等等諸如此類的話語。如果在書寫過程中，你還要不斷的找理由說服自己，

讓自己受傷的感覺好過一點，這樣只會造成反效果，越寫越糟糕。

我相信隨著時間經過以及自身的成長，過往很多事我們會從不同角度去思考，看到事情的另一面，這當然是好事。問題是，雖然現在「長大的你」懂事了，了解過往父母的用心、情人（伴侶）的處境，而能夠對過往事件較為釋懷，但在「過往」心靈空間的那個你，並沒有被安慰、治癒，而傷害、痛苦依舊存在內心。

因此在連續書寫過程中，最不必要的事：就是「說服自己」！更何況我相信這類話語，在過往日子裡，你已經不只對自己說過一次、兩次了，對吧？因此在書寫過程中，不需要講「客套話」，也不需要找理由、藉口說服或安慰自己。當然你也不需要逼自己「正向思考」、「放下過往」，若真的無法「感恩」時，就真實的面對自己目前還無法寬恕和放下就好。先將內在真實的想法、想說的話書寫下來，這樣慢慢的持續書寫後，便能自然的寬恕和放下；逼自己要正向思考、馬上放下，只會「揠苗助長」，越「正向思考」，反而越是打壓自己內在的聲音，書寫不但沒有幫助，還會有反效果。

記得在書寫過程中，內心感覺到任何負面情緒時，不要害怕，這樣的覺察是很棒的恩典！把握當下，把內在的情緒：不滿、憤怒、委屈等等，都書寫下來，讓情緒能量有一個出口，自由自在的流動。書寫過程若真的想哭，就好好的停下筆來哭一哭，都是非常不錯的方式。但是請記得，哭完之後，還是要將內在想說的話書寫下來喔。大多數的人哭完會覺得「好很多了！」，而停止書寫，就可惜了這個歷程和

經驗（透過書寫更能加深感恩與改變潛意識信念）！

　　流淚的確有助於釋放情緒能量和壓力，但這並不意味真的走完一個過程和了結一段關係。請務必記得，一定要將內在想說的話，都真實的書寫下來，並且持續 7 天，完整走完一個階段，不要因為覺得「比較好了」，就停止書寫。這道理就像醫病一樣，治病要「斷根」，否則就只是處理表象問題，過了一段時間，病情還是會復發。

　　依據面對的議題不同，書寫 7 天後，如果你覺得有需要，則可以繼續下一個 7 天，但請記得每次都要走完一個完整的 7 天！有人會問那究竟要幾個 7 天才會完全治癒、放下呢？這個答案因人而異，有的人 7 天，有的人須半個月，有的人或許要一年都不一定！雖然時間不一定有標準答案，但當你能夠真的放下與寬恕時，書寫的當下，你自然而然就會打從心裡知道，自己已經過關和放下。

　　以下為豐盛心靈寫作的書寫歷程和檢核方式整理：

A. 豐盛心靈寫作書寫方式：https://youtu.be/yqKQeiyPIfA

B. 書寫遇到負面情緒怎麼辦？：https://youtu.be/ZXZlw4zAGTA

C. 書寫如何改寫限制性信念：https://youtu.be/jiJx4S6XsjA

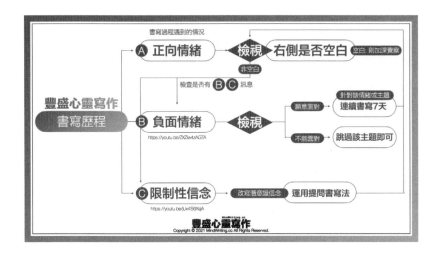

雖然我不能代替你走過幽谷，但我能夠陪伴你一起走過。在書寫過程中遇到問題或卡住，都可以與我聯繫和討論。

加入 LINE 好友：https://lin.ee/wNLzYQT（LINE ID：@597pvepd）或掃描下列 QRcode，均會由我親自回覆喔！

豐盛心靈寫作書籍閱讀與使用方式

　　前面提到豐盛心靈寫作的書寫形式、原則和檢核方式等等，緊接著大家在開始書寫前，最常遇到的一個問題便是：「我該如何設定主題呢？」、「設定怎樣的主題才算好呢？」

　　設定書寫主題最簡單的一個原則是：「從你『渴望改變』的議題著手！」如同前述「吸引力法則」提到：「當你真心渴望某件事物，整個宇宙都會聯合起來幫助你完成。」渴望改變是最重要的原則！

　　書寫過程中，對待自己越誠實、越真誠越好。說起來很簡單，但要真實面對、跨出這一步，並不容易！猶如我上課時都會跟學員分享一個過往歷程，我自己以前有寫日記的習慣，寫到後來，發現我寫的日記竟然都是「編出來」的。有些生活中遇到的瑣事、煩人的關係，在寫日記時，我竟然都能「寬宏大量」的原諒對方，明明心中就是非常不爽與憤怒，為的是凸顯自己的「好與善」；面對感情情傷，竟然可以「不在意」，覺得分手很好，這樣才能找到更好的……寫到最後，我甚至已經不認識我自己，「我究竟在寫些什麼？我究竟活在怎樣的虛擬空間？」

　　書寫中，你只需要面對自己內心真實的渴望，不需要有太多的假

設或在意別人的看法，這也不是作文比賽，關鍵不在於書寫內容的好壞、優劣。你唯一需要在意的是：「我真的寫出內在的心聲嗎？我真的寫出自己想寫的嗎？」如果不是，即便書寫的辭藻華麗、字字珠玉、引人入勝，一切都沒有意義；如果是，即便書寫得雜亂無章、平淡無奇，甚至只是一堆內在心聲的碎碎唸、不知所云，你所書寫的內容都如同奇珍異寶，因為那是專屬你和自己內在的愛的交流，是最珍貴、獨一無二、無可比擬。

如果一時之間，你還不知道從何主題著手，也不知道自己設定的主題是不是內在渴望想要面對的議題，不要緊，在你踏上這豐盛之路、愛的奇異旅程當中，我已經幫你準備好 33 個主題。這 33 個主題分別包含「認識自己」、「身體健康」、「親密關係」、「金錢能量」以及「內在心靈」五大層面，概括生命中最容易觸及的 33 個主題，每個書寫主題都詳細記錄**「感恩書寫練習步驟」**、**「感恩書寫主題意涵」**、**「感恩書寫紀錄分享」**、**「感恩書寫心靈訊息」**四個單元。

關於 33 個書寫主題的運用方式

第一、循序漸進

33 個書寫主題，你可以循序漸進，1 天書寫 1 個主題，由淺入深，從「認識自己」篇章開始，先修復和自己的內在關係，建立自我肯定、自信，再拓展到「身體健康」。大多數情況是心理會影響生理，但生

理也會影響情緒，當身體不舒服時，情緒很自然也會受到影響，容易起伏不定。生理、心理都要兼顧，才會達到「身心健康」。搞定自身的身心健康後，便更容易面對「親密關係」和「金錢能量」議題，最後則進一步探索「內在心靈」，一步一步打好基礎，33天、1天1個主題，便能夠見證蛻變的自己，創造豐盛生命！

第二、隨機翻閱

拿起書本，隨機翻閱，當天翻到哪個主題，就書寫哪個主題（或做成1~33的書籤，用抽籤的方式）。此方式可以增添些許趣味性與期待感，每天嘗試書寫不同的主題，有時候可能好幾天重複翻到同一個主題，不用急著重新翻閱、尋找新的主題。重複翻到相同主題，則代表當下你的狀態，最需要或最適合面對該議題，這時候反而需要靜下心，細細去體會為何最近剛好都翻到該書寫主題或是類似的書寫主題，將會有很大的發現和體悟喔！

第三、單一主題，連續書寫

若你正好有些茫然、有些困惑、有些失意，或者是為了尋找問題的答案、尋找人生的意義、自己存在的價值而來，更可能是渴望找到快樂人生、健康生活以及富足、豐盛的生命而來，則可以先快速翻閱看過33個主題，挑選一個你最渴望面對、解決或者想書寫的主題，嘗試針對該主題連續書寫7天或是33天。尤其針對同一個主題，連

續書寫 33 天，會有最大的收穫。

　　或許你會想，「33 天會不會太長，寫到最後完全不知道要寫什麼？」的確是有這個可能性，不過這樣更好，因為在前面幾天的書寫過程中，你可能都還可以憑「有意識」或原先既定的「邏輯思考」，輕鬆的完成每天 7 分鐘的書寫，但是越到後面，越會發生「江郎才盡」的現象，完全沒有辦法再憑藉有意識、邏輯思考書寫，因為可以寫的、想得到的都已經寫完。這時候，我們反而會逼著自己真的「沒有辦法思考」，僅能想到什麼就寫什麼，才能真正的寫出內在的聲音與潛意識訊息。

　　雖然上述提供三種書寫主題運用的方式，但不僅限於此，甚至其實沒有特定一定要怎麼開始。我想和你分享的同樣是這句：「能開始書寫，就是好事！」

關於書寫主題的 4 個單元

感恩書寫練習步驟：

　　告訴你進行感恩書寫時，如何進行以及專注的核心重點為何？有的書寫主題會建議先想像／冥想感受主題意涵之後再書寫；有些主題則告訴你不要想太多，看到主題就直接書寫；有些則需要二次書寫，第一次書寫憑直覺，第二次則針對特定核心問題書寫。感恩書寫練習

步驟幫助你更容易專注書寫主題，置身其中，讓書寫不僅僅只是書寫，進一步達到創造生命豐盛的效果！

感恩書寫主題意涵：

協助你清楚每個書寫主題背後代表之意涵，幫助你釐清在書寫過程中，體驗到的感受、遇到的問題，其隱藏於自身內在是反映怎樣的內在潛意識信念，並且輔以個案經驗，讓你更能夠深刻感受議題，而能夠更深層的探索自我內在心靈，幫助自己找到情緒能量卡關的關鍵原因，進而改變內在限制性框架、改寫潛意識信念。

感恩書寫紀錄分享：

每個主題收錄一名豐盛心靈寫作學員的書寫手稿，並且透過書寫內容，給予回饋，藉由觀摩他人經驗，可以更了解自己書寫內容中所觸發的潛意識信念、訊息，其代表的涵義，幫助你更進一步的認識自己、認識潛意識運作的模式。

感恩書寫心靈訊息：

每個主題都是經過特別挑選與設計，能夠反映出心靈的底層信念與訊息。和「**感恩書寫主題意涵**」不同的是，心靈訊息是更直接告訴

你，該書寫主題觸及哪些心靈與潛意識信念，以及書寫該主題會有哪些心靈層面與潛意識信念的幫助，對於想要進一步改變、打破原先潛意識信念者，有最直接的幫助。

　　讓我們一起踏上這愛的奇異旅程，開始每天 7 分鐘的豐盛心靈寫作書寫旅程！

Part1

認識自己篇

第01天

感恩勇敢跨出一步的自己

感恩書寫練習步驟

1. 設定 1 分鐘：先運用想像方式，想像與感受自己勇敢跨出一步的情境和心情。

2. 設定 7 分鐘：書寫對自己勇敢跨出一步的「感恩」話語與心境。

3. 若有抗拒勇敢跨出一步或覺得自己沒有辦法跨出一步，則不用勉強自己寫出感恩話語，只要忠實書寫記錄抗拒或覺得不可能、沒辦法的想法即可。（記錄書寫在右側）

感恩書寫主題：	/ /
感恩書寫內容	潛意識信念或雜訊

感恩書寫主題意涵

　　小裕回想第一次書寫「感恩勇敢跨出一步的自己」主題時，內心瞬間冒出許多想法：「我哪裡勇敢？現實生活中，我常常猶豫不決，許多事情都不敢跨出一步、跨出舒適圈。怎麼開始寫這個主題啊？！就算寫了有用嗎？寫了就能勇敢跨出，還是只是自欺欺人？」

　　記得那是一個艷陽高照的午後，我和小裕正聊著他對於未來離職、創業的規畫。對於要創業這件事，他已經裹足不前一年多，就我在旁的觀察，小裕在專業技術部分絕對沒有問題，也有許多穩定的客源以及口耳相傳的口碑，以他目前客源預估的收益和創業所需資金、房租、人事成本對比而言，基本上收入遠遠超過支出，實在想不出有什麼理由擔心、害怕。他卻遲遲不敢跨出第一步！

　　不過這樣說並不公平，其實我自己當初要離職、準備自己創業時，一樣也是陷入自身恐懼、害怕的狀況當中許久，足足遲疑了一年多，才提起勇氣，真正遞出辭呈。每個人面對未知時，總是會有些恐懼、擔心和自己跨不出去的檻，我們不是當事人，除了沒有辦法幫他跨越、無法代替他去面對和作出決定之外，其實更難的是，我們無法去體會他目前內在正在面對、經歷的恐懼與害怕。

　　當下我建議他可以先嘗試針對「感恩勇敢跨出一步的自己」書寫，在書寫前，先透過想像的方式，去想像和感受自己勇敢跨出一步的情境畫面。結果光是第一步想像、感受，小裕便已經卡住，覺得自己不

夠勇敢、不可能做到勇敢等等想法，從腦海中不斷的冒出！

　　我常跟學員分享：遇到書寫主題，激起許多內在的反向、負面想法，是一個很棒的過程和經驗。有時候並不一定要完成感恩書寫，才有收穫，常常光是看到書寫主題，就可能勾起許多內在想法和潛意識信念，而這「發現」、「覺察」自己內在想法或潛意識信念的過程，反而是比書寫過程更為重要、珍貴。要克服、面對「問題」本身，往往並不困難、恐怖，而是要能夠發現、覺察到「問題」本身，才是最困難的環節；當我們發現、覺察到問題，接下來修正問題的步驟就容易多了！

　　無論是在書寫前或是書寫過程中，有發現任何的想法、潛意識信念，都可以快速的將其記錄在紙張的右邊。請注意在這過程中保持「客觀」、「接納」，如果你覺得自己不勇敢、甚至討厭自己為何不勇敢，不用急著針對「感恩勇敢跨出一步的自己」的主題書寫，你可以先將冒出來的想法，例如：「我就是覺得自己不勇敢」、「我討厭自己不勇敢」、「我覺得我無法做到勇敢」，當作是你的書寫主題，嘗試展開與自我內在的對話，即便對話過程可能充斥負面想法、自怨自艾、抱怨等情緒，完全沒有一點「感恩」之情，都沒關係。

　　沒錯！不用因為「感恩書寫」，就逼自己一定馬上要「正面思考」、要有「正向信念」，這樣的要求，對自己是很殘忍、很沒有愛。不妨讓自己稍微退一步、緩和一下，站在客觀的角度去看待自己內在的想法，讓這些想法能夠有「說話的空間和管道」。

就像對待小孩般，如果大人只是一味的用說道理、高壓的方式，要求小孩一定要遵守規矩、禮貌，或是要學才藝、補習等等，那麼小孩不僅不想聽、不想做，甚至更容易反彈、叛逆，造成反效果。同樣的，對待我們「內在小孩」（內在聲音）也是一樣。不要急著否定他、壓抑他，先讓他將想說的話充分的表達出來，讓他感受到被尊重、被支持、被愛的力量，然後再一起和自己的內在小孩討論看看，能夠怎麼做會更好！

因此當我們在書寫當中，突然萌生一些想法、信念，和書寫主題有所違背，或是完全卡住寫不出來、寫不下去時，先緩緩，不用急著書寫主題，可以先針對發現、覺察的想法書寫，讓他有機會說說話。這時候不一定要設定在 7 分鐘，單純將內在想法、聲音書寫下來就可以，當覺得寫得差不多，想停止就停止；過程中如果有情緒上來，例如想哭、憤怒等等，都不要壓抑自己，讓內在的情緒能量適當的流出，想哭就哭，先中斷書寫都沒有關係。

真的嗎？就將內在擔心、害怕的想法寫下來？這樣有用嗎？會不會更糟？許多我們內在擔心、害怕的事情以及自我限制的這些情緒能量，若放任它在心中滋長，就容易在內在中被渲染、放大，本來可能只是小小一件事情，慢慢的就越發不可收拾。舉例像是「拖延」，我們常常因為某件事情困難或是討厭某個人，而不願意處理、面對，就會先放著，然後用其他事件填滿生活，最後則釀成更大的麻煩。例如

期中考、期末考、業績報告，總是要拖到最後一刻，才願意「從容就義」。

　　透過書寫方式，聆聽內在聲音，那些長期不被重視、不被聆聽、不被愛的能量將會釋放！書寫過程中，彷彿就像有一個自己可以全然信任的人，陪伴著自己，告訴自己：「你可以的！」以及「無論如何，我都支持你、陪伴著你！」。因此通常在書寫過後，你會發現有一種「被支持」、「被信任」的感覺，從內心自然萌發一股篤定的勇氣和支持的力量，讓自己的信心更為堅強。這是沒有任何人的激勵或是任何正向、肯定話語可以做到的（透過外在的激勵，通常不容易持久！），你不再需要透過別人對你的肯定與支持，才能夠「選擇」勇敢，而是在書寫過程中，你「就是／就會」勇敢！

　　許多人不能勇敢、不敢勇敢、不想勇敢，內在反映的其實只是需要有人陪伴、一起奮鬥的感覺，有時候則是需要別人的肯定與愛，就如同小裕在書寫過程中發現：自己期待的是一種「一起」的感覺，而過往有許多經驗，都告訴自己不太容易有人一起奮鬥、自己是孤單的，而在書寫的過程當中，反而發現自己就是陪伴自己最大的力量。許多限制性信念也在書寫過程中打破，原先在意的侷限、因素似乎不再這麼嚇人，而能夠勇敢的往前走！

感恩書寫紀錄分享

感恩書寫主題：感恩勇敢跨出一步的自己	
感恩書寫內容	潛意識信念或雜訊
今年我38歲了，從出生到達世間，向來就個是個乖乖牌，什麼都不用判斷，聽從父母的安排就好了。	
可是，自我十年前結婚以來還算平穩，但搬入公婆家四年，彿彷彿是惡夢開始，大多是口語羞罵辱。	先生態度惡劣
近二年又出現，對方全家對我惡劣行為、洗澡時斷水斷電，對我方向丟椅子	丟了一切我所輙、撒謊
我此時苦不堪言，眼看情況失控，沒有做人妻子的尊嚴及疼惜，也沒有為人女的幸福感	要我淨身出戶
於是決定在109年8月底提出離婚，做出一個我完全沒預料的安排，謝謝自己相信改變及不將就，被爸媽罵「家醜」也得去作。	我便是千萬人阻下擋，也要為自己勇敢一次。孩子都會看到大人的行為－「父母之愛子，則為之計深遠」。
	吳郁芬

書寫最後，給予自己支持與勇於前進的力量，不管「家醜」、不管他人眼光，尊重自己、支持自己，這是書寫非常棒的體驗。

在書寫內容中，可以看到左邊第一段，其實是可以歸類在右邊，而右邊「我便是千萬人阻擋，我也要為自己勇敢一次！」則是可以放在左邊。和主題、感恩有關則在左邊，反之則在右邊。

初次接觸豐盛心靈寫作，不習慣書寫方式，分不清左右邊沒關係，最重要的是跟隨內在聲音，想到什麼就真實的記錄下來。如此一來，就能夠讓內在積壓的情緒能量自由的宣洩。不過話雖如此，表象看是因為初次接觸，不熟悉書寫形式，但其實也是反映出內在尚未釐清思緒，以及勇敢跨出一步後對於未知的茫然。這部分可以透過針對此主題持續書寫而有所改善，不僅可以幫助自己釐清思緒，還會帶給自己更篤定的支持力量。

最後，若書寫過程中發現有許多抱怨或情緒，右邊寫不夠，則建議可另外書寫，將內在想說的話都書寫下來，不用特別限定 7 分鐘。

感恩書寫心靈訊息

透過此書寫主題，將帶給你的學習：

1. 練習陪伴與支持自己的肯定、正向力量
2. 克服內在恐懼
3. 客觀看待與接納自己

第02天
感恩過去、現在、未來的自己

感恩書寫練習步驟

1. 設定7分鐘：分別對過去、現在、未來三階段的自己，寫下感恩話語。

2. 不用刻意將7分鐘書寫時間平均分配給過去、現在、未來三個階段。順其自然書寫即可，但原則是三個階段都要書寫到。

3. 7分鐘時間到，若還沒有寫完，則可以繼續書寫到覺得完成為止。

感恩書寫主題：	/ /
感恩書寫內容	潛意識信念或雜訊

感恩書寫主題意涵

「3倍的喜悅！」記得這是我對小珍說的一句話！有許多時候，我的靈感往往都是在和學員討論問題的過程或是個案諮詢過程中，靈光乍現，突然冒出，「3倍喜悅」這句話便是。這句話不僅僅只是對小珍說，也是對我自己說。

小珍一向給人活潑、熱情、堅強的印象。她過往的經歷其實並不是這麼順遂和開心，但她總是告訴自己要堅強、不能被命運打敗，如果自己不堅強、不振作，那只會更讓人看不起。小珍的故事、歷程放在許多場合，都會令人非常動容、激勵人心。不過我深知，如果再這樣下去，有一天小珍會變得更憂鬱、甚至情緒崩潰。就如同火山爆發一樣，平時看起來平靜無波，但是日積月累，岩漿熱能若沒能適度宣洩，爆發時則會非常驚人。

小珍最常對我說的一句話就是：「我現在很好、很開心！」每當她對我這樣說，我的心總是會揪了一下！現在很好，當然是好事。我相信大多數的人，沒事不會想要去刻意挖開過往的傷痛。但不去面對、不去治療過去的傷痛，「現在」就真的會比較好嗎？事實上那只是我們自以為「好了！」。

許多人常說：「忘卻傷痛戀情，最好的方式就是投入一段新的戀情！」某些程度的確是如此，不要停留在過去的傷痛當中，要能夠走出生命的幽谷、展開新的生活才好；不過如果當我們過往的傷痛尚未

治癒，便急忙投入新的戀情，反而會因為過往傷害形成的潛意識信念之影響，造成新的戀情有所阻礙。例如有些人在過往戀情經驗中，是「付出」較多的一方，當再次碰上新的戀情時，則可能因過往的傷痛，在潛意識中形成「我不要付出太多，避免再次受傷！」，而變成是「等待付出」的一方，因為潛意識覺得不要付出、就不會有傷害。

當我們內在有這樣的潛意識和想法之後，的確有比較高的機率會遇到「付出型」的新戀情對象，可是通常就會遇到另一種情況，換成新戀情的對象會覺得「你不夠愛我」或是「好像都是我付出較多」，又衍生出新的問題，而導致新戀情再次告吹！如此反反覆覆，最後搞得自己好像怎麼做、怎麼錯，付出也不對、不付出也不對，最後甚至選擇不再談論新的戀情。

其實正確、健康的處理方式，則是正面的去面對、治癒過往傷害，了解內在為何需要透過「付出」，去討好對方或讓對方肯定自己？是因為對自己沒有自信嗎？不夠肯定自我價值嗎？還是對愛沒有安全感呢？當我們越清楚真實的情況與問題後，反而就容易找到克服問題的方式。

我對小珍說：「現在很好，當然不錯，但只是 1 倍的喜悅。過去的累積形成現在的自己，而現在自己的努力則塑造未來更美好的自己。如果我們可以面對過往的傷痛，則可以打造一個過去、現在、未來都『很好』的自己，而獲得 3 倍的喜悅！」面對過去的傷痛，絕對不會沒有意義！過去的傷痛並不會因為時間而痊癒，或許隨著時間過

去，感覺沒當初這麼痛，但是過往傷痛在我們內在形成的潛意識信念，若沒有真正的去面對、治癒，則不會消逝，仍舊會在生命中影響著我們，只是我們沒有意識到，甚至不了解其影響程度之大。（有些潛意識信念甚至影響著我們的健康與生命）

現在不妨就嘗試書寫感恩過去、現在、未來的自己，這是一個很棒的書寫過程，也是非常具有投資報酬率的感恩書寫，有一次獲得 3 倍喜悅的效益！

或許你會覺得過去如果只有傷痛、苦難，那有什麼好感恩的呢？而現在也似乎沒有過得很好、未來也還會發生，究竟要感恩什麼呢？其實生命的存在、活在當中就是值得感恩的一件事情。「Present」是很有趣的一個英文單字，它不僅有「現在、當下」的意思，同時也是「禮物」的單字，意味著「生命存在、活在當下本身就是一份禮物」。感恩自己過去的勇敢與毅力，走過傷痛；感恩自己現在的努力，依舊為生命奮鬥；感恩未來的自己，已經活出美麗的生命果實。有許多感恩的「可能性」，現在就嘗試為自己的生命，書寫下感恩過去、現在、未來的自己吧！

我自己在 20 幾歲左右接觸到身心靈議題時，常常要面對「治癒」的問題。當時的我光聽到「治癒」兩個字，就非常的反彈，因為那時候的我工作順遂，企業演講、擔任評審等也小具知名度，過往生命也沒有什麼太大的波折，一切看似都很好，我到底有什麼好「治癒」的呢？總覺得這是找我麻煩、刻意挑問題！後來我才漸漸的發現，真的

有許多地方需要「治癒」，倒不是什麼多大的傷痛和苦難，而是有些事情自己其實並沒過關而且卡住，只是因為都「過去」了，就也沒有在意和真正的去處理。

這裡請特別注意：過去的傷痛或是你在意的關鍵點，沒有大小分別，像我處理的個案中，就有人是非常在意小時候，很要好的一位同學沒有邀他一起出去玩。他說不知道為何，在書寫的過程中突然想起這件事情，明明早就已經過去很多年，他也忘記了。現在長大了，他想想也覺得「好笑」，當初怎麼會那麼在意。

相信這樣的情境，很多人都經歷過。或許對現在長大的我們，已經不在意、甚至早就忘記，但是對於過去小時候的自己，在意的點仍舊存在，並沒有真正的化解，甚至已經形成某種信念，存在潛意識當中，例如因為要好的同學沒有邀請你一起出去玩，而形成心中認定這輩子不會有真正知心朋友的潛意識。或許你會懷疑，「有沒有這麼誇張？」但事實就是如此，潛意識信念形成的原因，因人而異，沒有一定的道理。

因此不要小看任何一個你在書寫過程中突然想起的人、事、物，即便是如雞毛皮蒜皮的小事，都可能是潛意識的一個提醒，不會單純只是「巧合」或是自己的「胡思亂想」，一定要忠實的記錄下來。有時候生命真相的答案，就隱藏其中喔！

小珍後來透過感恩書寫，慢慢的能夠接受過去的自己、肯定現在

的自己、期許並期待未來更好的自己。她跟我分享,她願意嘗試的一個關鍵在於:「感恩過去(過去、現在、未來是一體),就能獲得 3 倍喜悅,好像也沒有壞處。放著不面對、逃避,看起來現在也沒有不好,但是有機會獲得更多好處,不妨試試看!」

是的,不妨試試看!也沒有壞處,只要開始書寫就是好事!

感恩書寫紀錄分享

感恩書寫主題：感恩 過去 現在 未來的自己	
感恩書寫內容	潛意識信念或雜訊

現．看了，轉了一圈，回來囉！「感恩」自己的誕生、
過去的自己．在那走過的路途中，一路的走來，
形成「現在」時刻的我，所以回顧，覺得有趣，
在看這存在可愛，不成熟，羞耻煩．想著人生本是如此？
看著外界路壞、起伏，體驗著「存活」、「存在」的掙
扎到了「現在」，此刻。
看著這一切，其實是一直在「其中」，憑著選擇，
了解「得失」，了解「分別」，了解「差異」，了解「應對」
明了「對外、外在」和「自我內在」的對談，
「未來」可期，也不需…… 謝謝「有未來」的存在，
所以說，現在的自己，先玩下，跟「未來」的自己看。
回顧，
這就像一場時時生的記錄，回望這一路，
直到「實體」的身体，結束祂的任務，「卸戰」
離開前，再來看看，這裡此刻「現在」的
自己，冥冥中遠著什在訊息「給自己」，

謝謝，存在的不放棄，活著，好好的，很多種細，
在著看「開啟、體驗」、「保你很好」、「一直很認真的生活著」
想去「實錄 外在口中的一理想世界」，所以有「衝擊、衝擊」
這是好的，因為要「建回自己」

(公眾書紀有可喝，
繼續看到不同成生)
知道

(空著,空著,空著,空著,

|想到時會膨震.

|胸部發癢.

|理御好似像
左腹不結

感恩書寫主題： 感恩 過去 現在 未來的自己

感恩書寫內容	潛意識信念或雜訊
就去「做」， 「未來」在等著呢.(呀). 「夢」， 「寫記錄著」，不起床時 再來拿起來看， 就會了解啊.「就坐著.放著. 難做就去做了， ·再會. AM:10:29. 小花	1喝水.抓癢. 1新同學.會有不同含義嗎!? 1想到「夢」.會做很多 「奇怪」的夢 還很有趣嗎!? 1想吃早餐了.

書寫中可以看到用正向角度去看到「過去」的自己；在面對「現在」的自己時，篇幅較少，也比較偏以「理性」的方式書寫：「對於生活不放棄、好好活著」等，反映「現在」的自己的一面，對照右邊書寫「現在」，有「空著、空著、空著、空著」的訊息，正透露內在潛意識對於現階段，其實是有些話想說，但卻被「理性」層面壓抑著，「情感」層面的內在聲音無法展現。最後對於「未來」的自己，則是有些期許、充滿期待和夢想，這是蠻不錯的！

　　記得當書寫時，若遇到沒有靈感、不知道書寫什麼時，就持續保持書寫「沒有靈感」、「不知道書寫什麼」，造成這原因通常是因為「理性」層面大過於「感性／情感」層面，而讓內在情緒無法自由流動。當保持書寫「沒有靈感」、「不知道書寫什麼」這些雜訊後，則會比較有機會看到內在真實的想法。

感恩書寫心靈訊息

　　透過此書寫主題，將帶給你的學習：

1. 運用感恩修復過往生命並且創造現在與未來的實相！
2. 肯定與接納自己
3. 愛上自己

第03天
感恩自己的外表

感恩書寫練習步驟

1. 設定 2 分鐘：對著鏡子，專注觀看自己的臉龐／外表，並體會過程中，內在有哪些情緒與反應（例如：開心、憤怒、心煩意亂，甚至是覺得這過程很蠢等等）。

2. 設定 7 分鐘：書寫下感恩自己外表的話語、心情。

3. 7 分鐘時間到，若還沒有寫完，則可以繼續書寫到覺得完成為止。

4. 過程中如果有冒出任何非感恩外表的想法（例如覺得自己外表不夠好看等嫌棄、批評等），就記錄在書寫的右邊。

感恩書寫主題：	／　／
感恩書寫內容	潛意識信念或雜訊

感恩書寫主題意涵

這是我自己很喜愛的感恩書寫練習！（並非我長得多帥，哈！）很多人看到「感恩外表」這個主題時，會覺得「感恩書寫」，不是應該要感恩別人、感恩天地之類，怎麼會是感恩自己的外表這麼「華而不實」、「虛榮」的主題呢？

我們從小到大都被教育要懂得感恩，但通常是感恩別人、感恩對我們有幫助的人。但是從來沒有人教我們要感恩自己，尤其是感恩自己的外表。感恩自己好像就是很自私，而感恩自己的外表好像就是很自戀、愛現，甚至有的人會覺得「不要臉」。其實並非如此！如果我們連自己都「看不順眼」，那麼我們又能看什麼是順眼的呢？當一個人越不能接受自己時，其身上批判的力量也越大，而這批判的力量不僅僅只是批判自己，同時也不知不覺、時時刻刻的在檢視別人、批判他人。

我很喜歡小佩在感恩書寫練習完跟我說的一句話：「我突然發現我很『自戀』！」喜歡自己、愛上自己本來就是一件非常美好的事情，但東方的教育常常告訴我們要謙虛，謙虛固然是一種美德，但過分的謙虛則變成虛偽。加上如果過度的打壓自己，則會讓自己變得更沒有信心，遇到事情裹足不前、不敢嘗試。

感恩自己外表的書寫練習，通常我會建議搭配「鏡子」。你可以在書寫前，先設定計時 2 分鐘，對著鏡子，專注觀看自己的臉龐／外表，並體會過程中，內在有哪些情緒與反應（例如：開心、憤怒、心

煩意亂，甚至是覺得這過程很蠢等等）。結束後，再設定 7 分鐘開始書寫，書寫過程最重要的是記錄感恩自己的「心情」或是看到鏡子中自己的「感受」，而不是描述自己外表的輪廓、美醜喔。

有的人或許已經很久沒有好好看過自己，僅是早晨刷牙洗臉時，匆匆與自己一會，鮮少有時間與自己相處；有的人或許一開始對著鏡子要看自己幾分鐘，會覺得彆扭、甚至自卑、討厭自己！這樣的感覺和過程是很棒的，不用急著要書寫或感恩自己，多停留一下，感受你對著鏡子看到自己時，有哪些「感覺」、「心情」，這些情緒其實都是在我們內心中壓抑、累積許久的情緒能量。

而這些情緒能量，即便我們不說出來或是沒感覺，但是早已都顯示在我們的外表、以及每日與別人的互動過程中，只是我們平常都選擇忽略不去注意。這就像是有些人平常不笑時，可能周遭的人就會覺得他嚴肅；或是有些人表情雖然是笑笑的，但是隱約中我們就能感受到他的不快樂、不開心。如果有類似這些情況，剛好可以趁著感恩書寫的練習過程，嘗試重新認識自己，練習慢慢的「愛上自己」！

另外則有一些人，對著鏡子看自己時，會渾然忘我，完全沉浸與陶醉在自己美麗、帥氣的外表中，這也是不錯的，不用覺得是否太過於「自戀」，能夠欣賞自己是一件很美好的事情。如果在過程當中，有任何感受和感覺，一樣都忠實的記錄下來。也請記得專注力要放在於「感恩自己」，許多人常常會寫「感恩父母生給我一張漂亮的臉龐！」這個感恩當然很好，但是請記得關鍵放在於「感恩自己」！

這讓我想起小糖的故事。多數人看到小糖，都會馬上被她高姚的身材、美麗的臉龐所吸引，包括我第一次遇見小糖時，也深受驚艷。但是大多數的人，可能都只注意到外表，卻很難相信她內在是很沒有自信的！我請她書寫「感恩自己的外表」這個主題，並且要她將專注力放在「感恩自己」上時，才發現她內在沒有自信的其中一個關鍵原因，就是無法「感恩自己」。怎麼說呢？在她的書寫內容中，她感恩父母生給她一張漂亮臉龐，但卻無法「感恩自己」，因為她認為外表不是「自己所能控制」，要不是父母條件好，她也沒有如此好的條件，更深層的信念是覺得自己沒有價值。

每個人有屬於自己的生命課題，不需要跟任何人比較，你唯一需要的就是將專注力放在「感恩自己」這件事情上，當你越能夠將專注力放在自己身上，往內尋找，便能看見自己生命的真相與答案。

自信和自戀僅僅差在一個關鍵要點：自信的人是清楚的知道自己的優、缺點，並且可以通盤的接受；而自戀的人通常只能接受自己美好的一面。再回到小佩身上，當她告訴我：「我突然發現我很『自戀』！」時，口頭上雖然說是自戀，但當下讓人感受到的能量，則更是開心接受自己、從內在散發出的自信。

「感恩自己的外表」的書寫練習過程中，越能體會「感恩自己」，則越能夠培養自己由內在散發出的自信，而非僅是自戀。

當一個人「愛上自己要命的缺點」時，便是發光發熱的時候！

 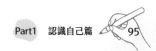

感恩書寫紀錄分享

感恩書寫主題：感恩自己的外表	
感恩書寫內容	潛意識信念或雜訊
從小到大都離不開"圓形"身材の我，經常被譏笑，甚至辱駡 但也成了自己進步の動力 我改變不了外形，所以努力忠實內在 大家都会說我胖子~懶、笨、醜…… 我就努力當個要動、勤帶、乾淨、靈活、聰明……的胖子 我知道很多事情我已無法改變 所以我就努力去改變我可以改變的事，而且想辦法讓它更好 我感恩自己の外表給自己因不如意，不順利~而帶来の激勵每成长 我喜欢我自己. 我是個快樂の胖子	太自戀 這樣会難过 覆不起的好 咭!作賤~

這是一個很典型的書寫範例，尤其是感恩自己的外表此主題。從小到大，我們很容易因為外表被同儕批評，無論美醜、高矮、胖瘦。醜矮胖，容易被嫌棄、取笑，但若是外表美帥也會嗎？美帥通常是被嫉妒、排擠。真相就是，不管怎樣都會有人批評。如同書寫中提到：「很多事情我已無法改變！努力去改變我可以改變的！」無法改變的可能是長相、身高，也可能是別人的言論，但總有些是我們可以努力的方向與目標。這是很不錯的，專注在自己的優點以及可以改變的地方。

書寫內容左邊提到喜歡自己、接受自己，同時右邊也真實的記錄下：「還是會難過！」這是很棒的，真實的記錄與面對自己內在的感受。許多人在書寫時，會刻意的告訴自己要正向思考，正向思考當然不錯，但若是忽略掉內在真實的情感、感受，反而會造成反效果，變成是打壓自己。

最後則可以針對「還是會難過！」繼續書寫，讓內在情緒流動；同時也可以透過書寫，探索為何會覺得「瘦下來不可能、是做夢」，是在何時形成這樣的信念的。

感恩書寫心靈訊息

透過此書寫主題，將帶給你的學習：

1. 肯定與接納自己
2. 建立與培養內在自信
3. 愛上自己

第04天
感恩不完美的自己

感恩書寫練習步驟

1. 設定 7 分鐘：書寫下感恩自己不完美的話語或心情。

2. 7 分鐘時間到，若還沒有寫完，則可以繼續書寫到覺得完成為止。

感恩書寫主題：	/ /
感恩書寫內容	潛意識信念或雜訊

感恩書寫主題意涵

那天印象非常深刻，小穎坐在我面前，光看到書寫主題，眼淚就已經忍不住奪眶而出、崩潰大哭！說真的我自己上過課的學員、個案，因為碰觸到內在層面抗拒信念或是觸及過往人事物的悲痛經歷，常常有落淚的情況，甚至我自己面對過往需要治癒的事件時，也會如此，對於「落淚」情況可以算是「司空見慣」，但小穎一看到書寫主題便崩潰大哭的情況，著實還是讓我嚇到。

小穎是一個非常善解人意的女孩，或許是家庭背景的關係，父、母親都是學校教師、書香世家，從小到大就被要求知書達禮、品學兼優。事實上小穎在這些部分也真的做到「近乎」完美，但不管做到何種程度，總還是會被要求做到更好，似乎永遠達不到「完全」完美。長期處在高壓的狀態下，已經活到不知道怎樣才是真實的自己、怎樣才能做自己，她永遠都在做符合別人要求的「完美自己」。

「感恩不完美的自己？真的可以嗎？真的沒問題嗎？真的會被接受嗎？」當小穎看到書寫題目時，許多內在的衝突、矛盾、壓力、委屈甚至是憤怒，一股腦兒全宣洩出來！事實上我可以想到許多「說詞」，告訴她「不完美其實更美」，就像故事如果沒有留白、過場、甚至結尾留下遺憾、哀傷，又怎麼能夠讓人回味無窮、記憶深刻呢？如果沒有黑夜，月亮還能夠凸顯出它的皎潔明亮嗎？凡事都有一體兩面，也都有其價值和存在意義等等。但當下我選擇不說，只是靜靜的陪伴、等待，讓她內在的情緒能量自由的流動、宣洩。

「感恩不完美的自己」，在書寫過程中，常常看到許多人「刻意書寫」、「理性書寫」，如同上述的「說詞」，寫了一大堆內容試圖告訴自己，「不完美」沒有關係，但是內在真正的聲音，卻還是希望做到「完美」，讓別人可以認同、肯定。其實，真的不需要「這麼累」！在書寫過程當中，若感受到自己放不下完美、或是對於不完美有疑慮，不妨將自己的真實感受寫下來，更能夠從中找到內在真正在意的關鍵和答案。

　　有些人「不敢」不完美，是因為害怕、擔心不被接受與肯定；有些人「不能」不完美，是因為被許多規矩、框架綁住；有些人「不想」不完美，是因為還有形象等等考量。試想如果「不完美」，真的會有影響嗎？難道周遭的人因此就不再愛你嗎？或許會，但是就像「吸引力法則」所說，如此一來，反而你會吸引到能夠欣賞你「不完美」的另外一群人，這樣不是更能夠活得自由自在，而不需要處處都要考量、擔心自己不夠完美，活得兢兢業業。

　　會不會有人天生就認為應該要追求「完美」呢？人活著就是應該努力向上、積極進取，往完美的境界前進，而不應該是擺爛讓自己陷入「不完美」的狀態？的確也有人是這樣的想法，甚至還會不恥於「不完美」的人。但其實不完美並非就是不精進、不知進取，接受自己的「不完美」，只是更誠實的看待自己與接受自己。

　　《聖經》中有段故事：法學士和法利塞人帶來一個犯姦淫時被抓住的婦人，他們使她站在人群中央，然後問耶穌說：「老師，這個婦

人與人姦淫，當場被抓住。依照梅瑟法律，該用石頭砸死這樣的婦人。現在，祢有什麼話要說？」他們這樣說是為試探耶穌，找理由控告祂。

耶穌卻彎下身，用指頭在地上隨意書寫。他們繼續追問，耶穌才站起身來，回答說：「你們當中誰沒有罪，誰就先拿石頭砸她。」接著，祂又彎下身，在地上書寫。

他們聽了這話，便從年老的開始，一個一個陸續散去，只剩下耶穌和站在那裡的婦人。耶穌站起身對她說：「婦人，他們到那裡去了？沒有人定妳的罪嗎？」

她回答：「主，沒有！」

耶穌說：「我也不定你的罪。去吧！從今以後，不要再犯罪了。」

「你們當中誰沒有罪，誰就先拿石頭砸她。」一樣可以換句話說：「你們當中誰是完美的，誰就能用完美的標準要求別人。」當一個人陷入「追求完美的細節」中時，其實不知不覺當中，就容易用同樣的標準去對待周遭的人。有句話說「魔鬼藏在細節中」，我覺得更可怕的是「細節就是那魔鬼」。就像社會新聞中，常見報導有小孩從小求學成績都名列前茅、甚至都是第一名，但是因為大學聯考考不好或是在工作、事業上遇到一個挫折、失敗後，竟然就想不開結束自己的生命。追求完美主義、完美細節，本來就是一種假象，永遠做不到，反而會令人陷入其中，無法自拔！

「感恩」自己的不完美，不代表不認真對待生命、盲目過生活或是一味的接受、放縱自己的缺點，更非要在書寫過程中「畫押承認」自己不好、有錯、否定自己，反而是透過感恩書寫的過程中，幫助自己更認識自己、接受自己不足之處，進而愛上自己。簡單來說，越能夠「感恩」自己的不完美，就越能夠愛上自己所有的一切，越能夠擺脫擔心、害怕不被別人接納、肯定、不被愛的議題，也就能夠活得更自由自在、真實的做自己！

感恩書寫紀錄分享

感恩書寫主題：感恩不完美的自己

感恩書寫內容	潛意識信念或雜訊
我是不完美的，我是有缺失的，這我自己很清楚，只是大部分的時候我逃避排遣，不想面對。因為不想承認自己真的是不足的，還需要很多進步的。現在想對你說，謝謝你。你辛苦了，你承受了好多社會的框架，父母的期待，使你總是給自己設立很多所謂人生的理想目標，要求自己，希望自己鞭策自己"應該"、"一定"要達到，因為做到了，才是正確的，才是符合這個社會的標準，才有資格存在於這個社會。但我知道你的內心深處是很排斥的，你渴望自由，你想自由的活著，你想過著自己感到舒適的生活，但你深知這不適用於社會大眾，所以你感到矛盾、困惑、迷惘、甚至是痛苦。你像站在一字路口上，不知道該往哪裡走，但我想跟你說，沒關係的，你可以	想起媽媽說的話，要我找工作，當現在做有用的人。 想起朋友時都是上班族，自己不一樣，感到孤寂。 回想之前朋友說我很嚮往自由，其實的找，自己不覺了解，原來我的靈魂後被關在籠子裡的最這麼難受。 以前我都覺得自己是在汪洋上，今天突然浮現的是十字路口

感恩書寫主題：感恩不完美的自己	
感恩書寫內容	潛意識信念或雜訊
放輕鬆的　世界上沒有什麼是必須的，一定要做的。人生其實沒有這麼緊張。你可以訂你想要的目標，再逐步去慢慢達成。現在也許還看不到成果的終點，也不代	想到去課老師常說的話 "人生沒有什麼事是要立刻、馬上的" 這輩子不想面對，下輩子也可以 正在爬山的自己的背影。 背著自己走在樹下林裡

從書寫一開始便破題、明確表示自己不夠完美，雖然心裡清楚，但卻不願意面對和維持逃避的狀態，因此在書寫最後可以看到透露出的訊息：「成為那個完美的自己，也需要時間，只要沒有放棄自己、都是有機會的！」便是說明，其實在內心並沒有真正的接受不完美的自己，仍舊希望達到「完美自己」的目標。

　　或許有人會認為，那沒有寫到「感恩不完美的自己」啊！這樣不是偏題了嗎？「寫了什麼」其實並不是最重要的，而是在書寫過程中，自己覺察、發現了什麼，才是最重要的。如果從書寫過程中，看到自己內在的矛盾、或是仍舊希望追求完美，這樣書寫就有價值了！

　　中間書寫內容看起來「偏題」，不用特別擔心。只要在書寫過程中，自然而然，想到什麼就寫什麼，所有書寫內容都是有意義的。看似偏題，反而正是潛意識反映的訊息。（當然如果書寫時，是經過思考、邏輯判斷，自然就不能如此認定！）

　　在此書寫分享中（並非每人都如此），看似仍舊想追求完美，卻並非是真相。追求完美其背後的原因和目的，其實是「害怕不被認同，在意他人眼光，希望得到肯定」，而誤以為只要自己「完美」，就會獲得認同和肯定。但「完美」不見得會被認同和肯定，甚至可能遭受嫉妒、討厭。獲得肯定、認同最強大的力量，便是打從心裡（內在）認同和肯定自己；當內在肯定力量夠篤定時，自然就會吸引外在力量的認同和肯定。

感恩書寫心靈訊息

透過此書寫主題，將帶給你的學習：

1. 肯定與接納自己
2. 建立與培養內在自信
3. 更自由自在的活出自己
4. 愛上自己

第05天

感恩自己的軟弱

感恩書寫練習步驟

1. 設定 7 分鐘：書寫下感恩自己的軟弱之話語或心情。

2. 7 分鐘時間到，若還沒有寫完，則可以繼續書寫到覺得完成為止。

感恩書寫主題：	/ /
感恩書寫內容	潛意識信念或雜訊

感恩書寫主題意涵

感恩自己的軟弱，實則是透過面對自己的軟弱，創造更自由的自己！

我記得很早以前認識阿儒時，那時只要跟他提到「內在需要治癒」，他就會極度的反彈，認為「我很好！」。一直到認識他五、六年之後，他才開始慢慢的能夠接受「內在需要治癒」。因為「治癒」對他而言，彷彿是指他軟弱、失敗、可憐、受傷，而他不允許自己有這些問題和狀態。

長久以來，受社會化、資本主義等影響，無論是學校、職場、生活環境中，我們總是汲汲營營於追求成功、追求耀眼光芒、追求不敗之地，甚至凡事正向思考，忽略內在的真實感受、情緒，以理性邏輯分析的方式、話語，告訴自己不該軟弱、失敗等等。更糟的是職場、社會環境，更加不容許我們有稍微軟弱、失敗。當我們呈現軟弱、失敗時，得到的不是支持、鼓勵，而是更多的藐視以及攻擊：「真丟臉！」、「真沒用！」這其中更甚者，莫若男人！孩提時，他們被要求要堅強，不能輕易哭泣；少年時，被要求獨立，不能軟弱、依靠；成年後，被要求要負責，不能沒有擔當、肩膀。

於是乎，當我們面對內在軟弱的感覺時，就會呈現一種疏離又敵對的狀態，甚至以十分具有攻擊性的方式對待內在的軟弱，極力想趕盡殺絕內在所經歷到的種種軟弱、受傷的感覺。可想而知為何阿儒面

對「內在需要治癒」時，會是如此的極力反彈了。當我們對於自己內在都是如此的「殘忍」時，又怎麼能容許他人多說一句呢！不僅如此，更可以發現，通常無法接受自己內在的軟弱、受傷和失敗者，也不太容易接受別人的脆弱與犯錯；嚴重時，更會導致和別人相處、互動不易，造成人際關係的傷害。

記得有一年，我第一次到國外演講。在演講的前一晚，獨自一個人在五星級飯店當中，望向窗外的星空，或許是身處異鄉、也或許是要面對隔天演講陌生和不確定的因素，即便演講主題已經熟練不已，內心莫名的掀起一股無助、失落的情緒，當下跪倒聲嘶力竭痛哭，一種從內心深處、甚至是靈魂遠古以來深埋的情感徹底釋放，同時間內心也保持祈禱和呼求絕對的愛的幫助與治癒，那是我深刻感受到絕對的愛如此接近的一次經驗！

這過程讓我想到《聖經》的《格林多後書》中提到：但主對保祿宗徒說：「有我的恩寵為你夠了，因為我的德能在軟弱中才能全顯出來。」所以保祿宗徒說：「我甘心情願誇耀我的軟弱，好叫基督的德能常在我身上。」

其實只要我們願意、多一點點允許自己，慢慢的、溫柔的去接觸自己內在的軟弱、傷害，不以為恥、不以為對立，不再往內攻擊自己時，反而更能夠建立、發展與自己內在軟弱、傷害的一個健康溝通管道。可以接納、可以撫摸、可以貼近、可以同在、可以理解、可以親近，軟弱就是我們的一部分。正因為願意去包容、接納這部分，才能成就

更完整的自己，生命也能活得更為自由！

　　同樣的，在《聖經》中保祿宗徒說：「我為基督的緣故，喜歡在軟弱中，在凌辱中，在艱難中，在迫害中，在困苦中，因為我幾時軟弱，正是我有能力的時候。」承認內在的軟弱、接受自己的軟弱，反而才是真正勇敢的人。當你能夠接受自己內在軟弱時，還需要擔心、害怕別人的攻擊、羞怒等言語嗎？當你能夠接受自己內在軟弱時，還需要在意別人異樣的眼光，以及無聊為你貼上的標籤嗎？是否有發現，當你能夠接受自己內在軟弱時，簡直就是「無敵狀態」！

何時愛上自己的缺點、軟弱時，便是你發光發熱之際！

　　我們總是被灌輸要勇敢、要堅強、要正向思考，因此每當遇到傷害、挫折、失敗、軟弱，總是習慣性的告訴自己：「勇敢一點」、「堅強一點」；甚至就連別人安慰我們的方式、言語，也是告訴我們：「看開一點」、「會過去的」、「時間會沖淡一切」。

　　但問題是，學校老師的一句批評，會讓我們難受很久；職場老闆、主管的一句話，便讓我們自我懷疑、喪失信心；面對身邊朋友的背叛，讓我們心情跌入谷底、失去對人的信任；愛情中經歷的傷害，更讓我們手足無措、撕心裂肺，對愛失去希望。不論是情感、工作、還是日常生活，各式各樣的事件，時時刻刻都對我們造成傷害、打擊！「看開一點」、「勇敢一點」、「堅強一點」這些言語，並不會減輕這些事件對我們造成的傷害，反而讓這些傷心、難過情緒在心中慢慢的累

積、醞釀，最後變成對於人生的迷茫、生命的絕望。

當內在遭受傷害、挫折、失敗、軟弱時，別再殘忍的對待自己、苛責自己、打罵自己了！我們需要做的，就是像對待一個無助的小孩，給自己一段靜心的時間，傾聽內在聲音、和自己內在說說話，甚至有時只需要靜靜的陪伴即可，並不需要太多的言語安慰，就是最好的方式，就是一種愛自己的表現。

記住，誠實承認與接受自己，才是真正勇敢的人；此時經歷軟弱的你，更是造物主在你生命中顯化奇蹟的時刻！

感恩書寫紀錄分享

感恩書寫主題：感恩自己的軟弱	
感恩書寫內容	潛意識信念或雜訊

The handwritten content is largely illegible. Best reading of legible fragments:

感恩書寫內容 (左欄)：
感恩自己的軟弱...一看到這個主題就... ...
...也很不是...就是覺得是啊B...
...太巧了B 軟弱B 真的是太弱弱...
B 超軟弱的... 這...都不知道...
怎麼整出來的...從慌亂、無助、煩躁、
...、擔憂、焦慮...
...放空...等待 Pray Pray Pray
還好，我...那一絲絲...
信息、...的、小小的、像小小燭光的
微光，沒有滅燈的...在...時...
拉我一把，不要...在...
...哭哭自己。感謝...還有那一絲絲
的...把我...出來，去...
去...B 只要...出來就有希望...
一

潛意識信念或雜訊 (右欄)：
先記...電腦、調很一下...
真的是太...、太棒了、
...準備...A4 紙、
...找到...A4 紙

電腦 我的 NB U?
...
我的...幫手
好...
手机 電話 家裡

🕯 Condle

...
...事 ...恩
...28...

一段峰迴路轉的書寫和心路歷程，從慌亂、無助、抗拒、逃避，到最後選擇面對，相信在這過程當中，有許多內心掙扎、以及需要勇氣跨過去的門檻。從一開始「規矩」的筆跡到最後的「奔放」筆跡，凸顯一開始無法接受「自己的軟弱」到最後的釋懷、接受。

　　其實每個人都有軟弱的時刻，我們越能夠接受自己的軟弱、以及誠實面對自己的軟弱時，就不容易讓負面能量在我們內在形成漩渦、黑洞，而一點一點吞噬掉我們所有的能量，甚至是僅存的一點點正能量。

　　因此我常常建議學員，當有一點點覺得自己「不對勁」時，最好的方式就是趕緊拿起筆來書寫，就算是亂寫、亂畫都好，這樣便能夠讓一些負能量有健康的宣洩管道，也能幫助我們釐清自己的狀態和現況，真實面對自己的軟弱，而能夠走出一條生命豐盛道路。

感恩書寫心靈訊息

　　透過此書寫主題，將帶給你的學習：

1. 接受與包容自己
2. 讓自己更自由自在的活著
3. 強化生命中顯化奇蹟的力量
4. 愛上自己

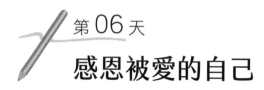

第06天
感恩被愛的自己

感恩書寫練習步驟

1. 設定 1 分鐘：透過想像與感受「被愛的自己」。
2. 設定 7 分鐘：書寫下感恩被愛的自己之話語或心情。
3. 7 分鐘時間到，若還沒有寫完，則可以繼續書寫到覺得完成為止。

　　如果在第一步驟中，非但沒有感受到被愛的自己，而是勾起許多「不被愛」的過往經驗或是傷害，建議可暫停書寫，先閱讀此主題之**「感恩書寫主題意涵」**，內文有說明此類情況的書寫方向和方式。

感恩書寫主題：	／　／
感恩書寫內容	潛意識信念或雜訊

感恩書寫主題意涵

這是一個美好的時代，充滿各種療癒方式與可能性。我自己通常會在一天清晨醒來之際，便先做一段簡短的冥想，為一天美好的開始創造愛的能量，感受大自然的愛、宇宙的愛、造物主的愛以及周遭身邊親友、夥伴對我的愛。

懂得接受被愛，才有能力去愛人！

阿德一開始對於這概念無法理解、不太能接受！在他的認知裡，自己常常對別人付出愛，沒有要求回報，單純的付出不求回報，不是很好嗎？為何一定要懂得「接受被愛」呢？

沒錯！單純的付出愛，不求回報，是一種很好的美德。但是怎樣的付出，對於對方才是適當呢？這便是一門高深的學問。許多人付出愛，雖然不求回報，但卻不一定適當、適切。例如很多媽媽，為了子女發育健康，都會擔心子女吃不飽、穿不暖，常常煮菜時就準備一大堆，最後卻吃不了這麼多，有時候子女還會嫌棄，為何不準備剛好就好？

如果仔細去觀察，這一類型的媽媽，通常對自己很節儉，把最好的都留給子女；但當子女想在母親節帶媽媽去餐廳吃大餐，媽媽就會覺得不用花那個錢，而抹煞掉子女的孝心、愛心。如果每次都被回絕，久了子女也會覺得不想再慶祝了。又例如許多父母會覺得，父母對於子女付出，再累、再辛苦都沒關係，子女只要照顧好自己就好，就是

父母最大的安慰！但是，這樣往往就「扼殺」了愛的能量的雙向流動。

其實阿德自己擔任主管職務時，也遇到同樣的處境，他常常都是以自己的角度去思考對於下屬什麼是好的、什麼是有幫助的，付出很多心力，但是卻往往得不到「人心」，甚至讓下屬備感壓力。有時候下屬也會覺得不知道如何親近阿德，因為偶爾想幫主管慶生、買個下午茶之類，阿德都會覺得不需要。對於阿德而言，他覺得照顧好下屬是他該盡的義務和責任，不需要任何的回報。但其實，他或許只要讓下屬幫他買個下午茶，愛就能在彼此之間悄然流動，創造出無限愛的能量循環。

當我們接受別人對於我們的愛時，其實也是「我們在付出愛」。我們讓別人有「付出」的機會、表達愛的機會，當我們願意、真心接受別人的愛與付出時，對方也一定會感受到被需要、被肯定以及自己是具有價值的感覺。有時候我們可能也是出於好意，婉轉的拒絕對方，但可能卻讓對方受傷，覺得是不是自己不好或是哪邊不夠周全等。所以不管是付出愛或接受愛，都需要適當與練習。

如果你是比較偏向「付出型」，對於接受「被愛」會覺得彆扭，或是覺得「被愛」好像是有求於別人，或是覺得好像只有弱者才需要「被愛」，其實你並非是不需要「被愛」，有時反而是你內在更渴望「被愛」。你只不過將生命的運作轉變為「付出」、「愛人」的形式，透過「付出」而獲得別人的愛與肯定。其實只要懂得開始順從自己的內心，開始學習接受別人的愛，生命就會有很大的躍進。

此外，有一類型的人看到「感恩被愛的自己」書寫題目時，就會勾起「不被愛」的過往經驗或是傷害。這時我會建議不用急著進行「感恩書寫」，先嘗試下列兩種書寫方向：

第一、不要急著書寫「感恩被愛的自己」

先從感受到過往不被愛的經驗書寫，讓內在抑鬱、委屈、甚至憤怒等情緒能量自由流動。這其實就是一種愛自己的表現，站在一個陪伴者的角色，陪伴著自己，與自己說說話、談談心，不要壓抑自己內在情緒，有任何的不滿、憤怒、委屈等情緒，都讓它盡情的宣洩在書寫過程中。當這些情緒能量得以宣洩後，內在才有空間裝載正向與愛的能量。

有些人一時之間要面對過往傷痛不容易，甚至寫不出任何文字、內容。這時還有一種最簡單的方式，就是拿起筆，在紙上隨意亂塗、亂畫 1‧2 分鐘，都能幫助內在情緒能量宣洩、流動，而有所改善喔！

第二、將注意力放在「感恩被愛」

將注意力放在感受「被愛」的經驗，想想周遭有些愛你的人、想想大自然、宇宙對你的愛。即便都沒有人愛你，想想此時此刻活在當下的你，其實就是造物主對你的愛，活著並非只是痛苦、或是要我們感受痛苦，而是生命給我們的一份禮物。其實當我們將專注力放在「感恩被愛」時，自然就會憶起生命中愛我們的人事物；當我們將專注力

放在「苦痛經歷」時，自然想到的都是傷害我們的人事物。改變專注的方向，生命就有不同的轉變契機。

感恩書寫紀錄分享

<table>
<tr><td colspan="2">感恩書寫主題：感恩被愛的自己</td></tr>
<tr><td>感恩書寫內容</td><td>潛意識信念或雜訊</td></tr>
<tr>
<td>

此時.此刻.坐在桌前.享受伴侶為我設置好居家.辦
公環境.就從我拾在可調式灯光下說起吧.
因WFH已多時.從前的灯光太亮.找了個較柔
和的灯.可惜他是說我長時間看電腦.閱讀或
書寫時.感覺眼睛不適.於是呢他又找了可用
app調整亮度及光溫的灯.昨日完成安裝.當下
我的內心是感受到滿滿的被愛.這樣被愛的
幸福感.一直一直.不斷的支持我.我很感恩被愛
的自己.因為被愛.我懂得愛人.倍貝誠摯
心的關懷.交流與付出.因為被愛.我知道
I am not alone.心靈的豐足.豐盛也是說我
可以珍惜當下.好好感受那刻的人.事.物
及 feeling.因為被愛.我更懂了.惟存有備存
菁.把不是相關的人.事.物用錄劃開.給人
呦!不是帶給我正向感的人.啊!會被收在
心上.該遺忘就遺忘.要記得的是那份被
愛的美好與幸福感.感恩這一切..

玠克.2021 7月.

</td>
<td>

哎呀!寫錯字分神了.

想到昨日相處的
狀況.結果.

想到伴侶.
想到父親的臉.

30分鐘到了.鬧鐘響了.

門被打開了.
有人在走動的聲音吧.

</td>
</tr>
</table>

很棒的書寫體會與過程，可以充分感受到被愛的喜悅，以及愛的能量互動，透過書寫更加深被愛的記憶與悸動！因為被愛，而更懂得愛人，就是一股很美好的愛的能量循環。

書寫過程中提到被愛的幸福感、不斷的被支持時，想到伴侶和父親的臉，這是有趣的現象。在潛意識中，通常我們和父親的相處關係，會影響和男朋友、先生之間相處的模式；反之和母親的相處關係，就會影響和女朋友、太太之間相處的模式。（這部分可參考後續「感恩父親」篇章）

書寫最後提到，專注在被愛、愛自己的人身上，不用放在不相關、不愛自己的人身上，這是對的。不過因為在書寫此主題時，寫到這部分，則有些潛意識隱藏的訊息，例如過往有不被愛的事件、人物，尚未面對和處理。因為如果完全沉浸於被愛的感受、且內在沒有過往尚未過關、卡住的點時，書寫內容則更會專注於「感恩被愛」。

感恩書寫心靈訊息

透過此書寫主題，將帶給你的學習：

1. 感受被愛的喜悅
2. 增強內在動力
3. 增進接受愛的能力
4. 強化感恩之心

第07天
感恩犯錯的自己

感恩書寫練習步驟

1. 設定 7 分鐘：書寫下感恩犯錯的自己之話語或心情。

2. 7 分鐘時間到，若還沒有寫完，則可以繼續書寫到覺得完成為止。

感恩書寫主題：	/ /
感恩書寫內容	潛意識信念或雜訊

感恩書寫主題意涵

　　每次在課堂中讓學員書寫這個主題，一開始大家都有點難以下筆，心中都不免流過一絲疑問，但是隨著七分鐘書寫時間過程結束，總是可以讓大家感受到非常療癒、輕鬆，甚至欲罷不能。許多學員書寫完，都會表示原來「犯錯」也沒有這麼恐怖！

　　的確！古語不是說：「人非聖賢，孰能無過。」我相信許多人都一定聽過這句話，但奇怪的是，我們總是要求別人、要求自己，或是被別人要求當「聖賢」，不能犯錯，從小到大，被父母、長輩、老師、主管、老闆等要求不能犯錯，犯錯就要懲罰！漸漸的在不知不覺中，便養成我們對待自己、對待別人都非常嚴格看待的習慣與行為模式，而不自知。很多人一開始是因為父母、師長對於自己要求嚴格，而逐漸養成「嚴以律己」的習慣，久而久之則變成一犯錯、就陷入「自責」的狀態。

　　小茜是跟在我身邊許多年的助理，一開始認識她時，我覺得這個女孩子做事非常負責任、能力又好，很多事情不需要我交代，都可以預先想到、安排並處理好。我非常欣賞她，但好景不常，大約經過三個月後，我發現她是一個完全不能接受自己犯錯的人，甚至嚴格來說是「不容許」自己犯錯。在工作職場上，這樣看起來像是「好事」，助理不會犯錯、能力又好，會有什麼問題呢？問題就出在我不能跟她講任何「建議」，甚至連平常我在課程中常對於學員使用的「三明治回饋法」，也都失效！

「三明治回饋」的技巧通常分為三個層次：

第一步，以認同與肯定的態度，提出認為對方好的地方。

第二步，提出對方不好或是待改進的建議／指責。

第三步，以支持與信任的語氣提出整體看法，鼓勵對方改進。

我通常不會一開始就針對別人做不好的部分「直接」回饋，告訴對方哪邊不好、應該怎麼做等等，因為這樣通常有很大「激怒」對方的風險。我自己也不喜歡一開頭就被別人說哪裡不好，相信大多數的人也是如此，因此運用三明治回饋的方式，在課堂中幾乎可以說是「萬無一失」。

但遇到小茜後，這方法竟然完全失效！失效的原因，並非在於我的言詞運用不當，造成她的傷害或是不高興，而是只要我有「一點點建議」，她便會因此情緒低落，直接當機。她會認為自己做得不夠好、不應該「犯錯」。但事實上我完全沒有覺得她有任何地方「做錯」，即便真的有「做錯」，我也不覺得會怎樣，犯了錯，改正就好啊（當然我還是會了解發生錯誤的原因），因為我自己也是被這樣對待過。

很幸運的，過往我所遇到的主管、心靈導師都是這樣對待我，「犯了錯，改正就好！怕的不是犯錯，而是犯了錯卻不知悔改。」而且說真的，有多少過錯發生後，是真的會造成天塌下來，無法彌補、改正呢？或許有，但少之又少吧！

我跟小茜相處的模式，漸漸的變成我完全不能「說」她什麼，唯一能說的就是「好棒棒」，除了這個不會讓她陷入情緒低落、當機一整天之外，別無他法。不過這樣還是沒有解決問題，更不巧的是，有些小地方我選擇「不說」，感覺影響不大，偏偏別人經手就沒事，只要是小茜經手，就那麼恰好的會造成「錯誤」，然後小茜又陷入無止盡的「自責」循環當中，認為都是她沒有處理好，才造成後續出了問題。

更糟糕的還不僅於此，甚至有時候會因為這樣的情況，我會被她徹底惹怒！惹怒我的，並不是因為「犯錯」本身，而是在於她「自責」的狀態！對我來說，事情錯了就錯了，修改、修正就好了，錯誤既然已經發生，最不需要的，就是陷入「自責」。

前面提到大衛・霍金斯（ David R. Hawkins）的情緒能量表，在 1~1000 的能量頻率中，「自責」、「內疚」與「羞愧」的情緒能量只有 20~30，是所有情緒當中最低的。很多人會覺得「自責」，是因為「責任心」太重，想要「負責」才會「自責」，但真相並非如此。

「你說什麼？！」許多人聽到這裡，內在便會生出許多反彈的聲音。就像我第一次跟小茜提到「自責」的真相時，她幾乎是要跟我翻臉。對她而言，認定「自責」是因為想將事情做好，才會「自責」，不然一個沒有責任心的人，根本就可以擺爛，不需要「自責」啊。

其實，容易感到「自責」、「內疚」的人，我們可以從幾個面向

來看：

第一、從小乖巧、聽話

　　許多人從小被要求乖巧、聽話、有禮貌，在長期的教育和壓抑之下，很容易在一個團體之間，只要有人稍微不開心、不如意，或事情進展不順利時，便會自然的「對號入座」，覺得是因為自己做得不夠好。有時候即便該事情不是在自己負責的範圍內，他一樣會很自然的、習慣性的「自動承接」。

第二、無法充分表達內在聲音和情緒

　　有些人從小到大屬於「被打壓」的族群，例如長子、長女，因為身為家中老大，當弟妹犯錯時，身為哥哥、姊姊者常會被要求要多包容、體諒，導致許多內在的委屈、憤怒無法表達，長期下來會演變為「自責」。但這並非是真的覺得自己有錯，而是用「自責」的形式，將無法對外表達、發洩的委屈、憤怒，發洩在自己身上。

　　有句話大家應該也常聽到，甚至也都說過：「都是我的錯，可以了吧！」相信大家聽到這句話時，不會認真的以為對方「認錯」吧，而只會覺得對方分明就是不認帳，只是在講氣話來堵住別人的嘴。沒錯！既然說不過你，也無法發洩內在委屈、憤怒的情緒，那我發在自己身上總可以吧，最後內在聲音還會補上一句：「你可以閉嘴了！」

第三、完美主義者

完美主義者，也是常見的「自責」代表性人物。

- 如果當初我可以留在家裡照顧媽媽，她就不會這麼早走了。
- 如果可以再努力一點，就可以拿下這次的訂單。
- 如果不要那麼快放棄，結果或許就會更好。

「如果我 OO 的話，事情是不是就可以更好？」這是完美主義者永遠會問自己的問題。但完美主義者的「自責」，並非是認錯，背後隱藏更深的，反而是「對錯誤的規避」。犯錯、失誤、哪怕是一點瑕疵，都是他不能容忍的。為何「自責」呢？其實只是不容許別人指責自己，受不了別人對自己指指點點！「自責」只是告訴你：「我可以說自己，但你沒有資格說我。」

不管是哪個層面的「自責」，其實都不太健康，自責、內疚、羞愧這些情緒，都會造成我們自身的能量低落，並且很容易陷入「情緒漩渦」。一旦陷入自責的低頻情緒能量，就容易在自責的狀態中不斷的打轉，能量不斷的消耗殆盡，這也就是小茜一自責就當機的原因。

要能解除、避免陷入自責的情緒漩渦，你可以參考上述的三個面向，去看看自己是由於哪些原因（有時不僅僅是單一面向）造成，並針對過往事件書寫下來，讓內在聲音和情緒能量流動，慢慢的就能夠以更客觀、更包容、更有愛的方式看待、對待自己，自然就不用害怕、擔心「犯錯」，也不用以「自責」來包裝內在情緒。

感恩書寫紀錄分享

<table>
<tr><td colspan="2">感恩書寫主題：感恩犯錯的自己-1</td></tr>
<tr><td>感恩書寫內容</td><td>潛意識信念或雜訊</td></tr>
</table>

記得上星期休好假照顧假同事
回到公司上班.第一件事是找公司之前
發給她的贈品.時間有點久了.我忘
記當時公司給的贈品是一箱還是二箱
同事查了對話記錄說應該是二箱
我也以為是二箱.當天非常擔心.自己
少幫同事拿.我請學妹幫我看是否能
找到另一箱.我承諾同事.如果找不到
我會自己補一箱贈品給他.因為我
知道對方比我更在意贈品.也比我
需要.雖然我是義務幫忙.但這是我的
疏忽.
　　後來經過查證.確定是只有一箱贈品.
這位同事是很睛脆弱敏感的人.基本上
她不會也不敢對別人發脾氣.如果不開
心難過想哭會找我說.甚至有些人.明
明自己有錯.卻把責任推給想解決問
題的我.我會怕犯錯.也不喜歡衝突.
有時想想或許是家庭環境的影響.

潛意識·雜訊

犯錯是不好的?
究竟有什麼
值得我感恩.

我不喜歡犯錯害怕
犯錯,失敗也犯錯
我好像更害怕犯錯
怕對不起別人.覺得
自己做的不好. 才會
犯錯. 如果誤別人
誤解.也是我的疏忽
我好像好容易自責

感恩書寫內容	潛意識信念或雜訊

從小到大我都是一個聽話的小孩子。
我有二個姐姐。姐姐們好像有了公司媽
痊。我還有二個只小我1、2歲的弟弟正在妹妹。
從小就覺得自己好像被忽略。爸媽重男
輕女。總覺得我心順意見好。乖 才能
被稱讚。

從小我没有自信。感覺自己是不被愛
我害怕被討厭。所以面對人群上台的問
題。我也覺得自己總是先檢討自己是不是
哪裡没做好。我也害怕承擔更大的責任
因為我總是覺得自己不夠好。無法把事
情做好。而選擇放棄。

我允許接納這樣的自己。我總是能
體諒同理別人。卻忘了好好照顧自己。
犯錯就改正就好。不必耿耿於懷。
提著不放。我本來就不完美。接納自己
的不完美。允許自己也可能犯錯。面對
接受。處理。放下。

2021.7.14 李碧遠

在成長的過程没獲得
很多的早年期影響
滿滿的爸媽他的
讚賞。鼓勵。我其實
還是没有自信。我很
在乎別人的看法。也
總是會擔心別人怎
麼想。

在書寫中更地加
認識自己。

我也可以給自己讚
美。肯定。支持。當我能
允許接納自己。我將
更有量。

「犯錯是不好的！究竟有什麼值得我感恩！」道出許多人心中的想法。我們需要感恩的不是「犯錯」這個行為本身，而是要感恩「犯錯的自己」。透過感恩「犯錯的自己」，能讓我們的生命更為自由，更懂得包容自己、接納自己！

在書寫過程中覺察到：其實害怕犯錯、不想犯錯，源自於渴望被愛、被肯定。當發現這個現象後，自然的心中對於「犯錯的自己」便不會這麼嚴苛，反而更能體會內在真實的感受：渴望被愛與肯定。而最簡單的方式就是從自己開始做起，開始「感恩」犯錯的自己，給自己多點鼓勵、支持、讚美與愛的力量！

這是非常不錯的覺察和探索自我的過程，透過書寫展開與自我內在對話，一層一層的往內挖掘，藉此揭開遮住自己真相的面紗，而更認識自己真正在意、想要的是什麼。

感恩書寫心靈訊息

透過此書寫主題，將帶給你的學習：

1. 肯定與接納自己
2. 讓生命更自由自在的展現自我
3. 愛上自己

Part2

身體健康篇

第08天

感恩充滿希望的一天

感恩書寫練習步驟

1. 設定 1 分鐘：想像／冥想充滿希望的一天的情境、氛圍。

2. 設定 7 分鐘：書寫「感恩充滿希望的一天」，重點放在「感恩」。

3. 7 分鐘時間到，若還沒有寫完，則可以繼續書寫到覺得完成為止。

感恩書寫主題：	／　／
感恩書寫內容	潛意識信念或雜訊

感恩書寫主題意涵

我自己有個習慣，每天一早醒來，不會馬上起床，而是讓自己先躺在床上，簡單做個 1~2 分鐘冥想，感恩一天的醒來以及準備迎接美好、充滿希望的一天。我也常鼓勵學員可以養成此習慣，讓自己每天一早處於情緒能量高檔的階段。若對於冥想不熟悉、不習慣，也沒關係，只要單純運用「想像」擁有美好、充滿希望的一天亦可。不要小看起床的這 1~2 分鐘的時間和這個小小的習慣，它將會影響你一整天的情緒能量和感受。

現代人的生活充滿壓力，多數人一早起來，腦中就被「討厭」念頭覆蓋：討厭早起、討厭上班、討厭老闆、討厭同事、討厭吃早餐等等，一早就「觸自己霉頭」，讓自己情緒能量瞬間降低，實在很可惜！在起床一小時內的黃金時刻，你所做的決定、你所擁有的念頭、情緒，便會決定我們當天做事的效率：能否擁有內心的平靜，或是擾亂我們的思緒。

有人可能會問：「一定要早起嗎？」事實上不用。關鍵並非在於早起與否，不管你幾點起床，關鍵是在於起床的第一瞬間！你可以多方嘗試什麼時間點，才是你自己最佳的起床時間，沒有標準答案。

有的上班族，九點上班，卻要求自己要做到「晨間人」標準，每天五、六點起床，結果造成上班時，到下午就已經精神不濟，還不如七、八點起床，讓自己睡飽一點，更有精神面對一整天的挑戰。有的

人則是面對接送小孩、照顧父母等等各種不一樣的情況，不用跟任何人比較，依照自己可以的起床時間即可。甚至對很多人來說，上班、上課或需要出差、遠行，便決定「必須」起床的時間，沒有什麼選擇可言。所以不用拘泥在起床時間這個問題，而是要在意起床第一瞬間自己的念頭與想法。

談到這邊，聊一個大家常會遇到的問題：「賴床」、「貪睡」。有些人可能是習慣性賴床；有些人則是因為工作需要加班、熬夜，導致太累，隔天無法早起或是賴床。如果因為工作關係，要調整作息可能不容易，可以嘗試一個最簡單的方式：便是以感恩之心，開始每一天。當你開始嘗試、練習每天起床記得感恩，慢慢的就能改善賴床、貪睡的習慣。

而開始的方式很簡單，你只要簡單的在起床之後講一句（默念亦可）：「感恩造物主！」（可依照自己的宗教信仰，改為感恩上帝、感恩阿拉等，甚至感恩天地，都可！）不用特別繁瑣的形式、做法，一句感恩的話語足矣。慢慢的，不僅可以改善賴床、貪睡的習慣，也越來越能夠在一早醒來之際，感受到幸福、美好一天的開始，讓許多負面情緒、念頭消逝。

當你越來越習慣用感恩的心展開新的一天之後，便能夠慢慢的加上一些「儀式感」，例如像我會花1~2分鐘時間冥想、想像展開美好、充滿希望的一天；有人則是晨間運動、瑜伽、曬曬太陽、呼吸新鮮空氣、整理環境抑或是規劃一日計畫等等；甚至我都會建議學員在早晨

進行感恩書寫，讓自己一早的情緒能量維持在高檔。

此外許多書籍或名人都會推薦，早起感恩三件事、三個人之類，我則會建議在進行感恩書寫時，盡量不要用「條列式」，因為這樣的方式，容易造成自己被侷限、進入理性邏輯思考當中，有時候明明只想到一件感恩的事情，卻硬要逼自己再想出另外兩件感恩的事情。與其如此，倒不如好好書寫一件感恩的事情，並且讓自己專注和投入「感恩」的情緒和狀態當中，會比追求「感恩的數量」好得多。

有些人在書寫感恩的過程中，可能會碰觸到「無法感恩」的議題。在過往授課當中看到許多學員的例子，光看到「感恩充滿希望的一天」書寫主題時，內在就已經掀起無限波瀾、負面情緒。有如此現象者，大多是現實生活遇到瓶頸、困境，自然對於「充滿希望」會產生非常大的排斥與憤怒，「現在生活都已經過得狗屁倒灶，周遭充斥一堆小人，還跟我談『充滿希望』，一點都無法感恩。」

記住，這時候要做的不是書寫感恩，反而應該讓自己花點時間去了解，為何會產生這樣負面的情緒能量，是否是生活中、職場中有哪些人事物造成情緒能量卡住。先將這些情緒能量、人事物書寫下來，讓情緒能量透過書寫的方式健康的宣洩，這樣才有助於未來每一天的感恩。

許多人面對「無法感恩」，通常都會逼自己要「正向思考」，甚至常聽到：「正向思考才會帶來良善的循環，如果一直用負面思考，

自然會吸引來不對的人事物。」這個觀念沒錯，但是做法不能直接跳過「負面思考」和「負面情緒能量」，將這些負面能量當作不存在，或是避而不談，直接告訴自己要「正向思考」。

試著將人想像是一瓶水，如果這瓶水已經裝有污水，不去清除污水，便直接裝清水，則會造成兩種狀況：一、如果僅裝有部分污水，灌入清水，馬上就被污水污染，而不能飲用；二、如果已經裝滿污水，那麼清水裝了，也只是滿溢於瓶外而浪費掉。當然有人會說，水有自然清潔的效用，當我們灌注足夠多的清水時，水自然會被洗淨。是啊，那你需要灌注多少清水，才能洗淨污水呢？何不一開始就先清除污水，再倒入清水，不是更有效率嗎？因此記得，不要用逃避、壓抑的方式跳過負面情緒，先透過書寫清理乾淨，才是更有效率的方式。

最後謹記，如果某天醒來，你第一個念頭無法感恩，而是突然有討厭、厭惡等等負面情緒時，不需要逼迫自己一定要「感恩」。我們並非聖人，一定會有狀況好或狀況壞的時候，甚至許多紀律嚴謹的專業人士也有小小破戒、脫序演出的時候。當有無法感恩的念頭產生，不必陷入自責、罪惡感當中，只要保持意願、誠實面對自己，將自己內在無法感恩或是情緒受到影響的因素找出，便是最佳面對自己的方式！

一天一天、一點一點，保持感恩之心，這並非一蹴可及，需要多多練習、累積，才能讓我們自己盡可能保持感恩充滿希望的每一天！

感恩書寫紀錄分享

感恩書寫主題：感恩充滿希望的一天

感恩書寫內容	潛意識信念或雜訊

2021.7.19

那一個早上8點的早上. 溫暖的光線透
過房間的洞著進來. 聽到鳥吱吱叫. 我
去泡一杯熱牛奶. 太棒了. 沒有下雨. 陽
光好大! 我想運動. 鋪上瑜珈墊. 打
開筆电. 跟上視頻跟著动. 身体都舒
活了起來. 然後冥想完. 看看手机.
原來今天沒安排工作. 好放鬆. 心情好
愉悅. 像個小孩一樣. 一直笑. 那我
等一下買塊提拉米鮮吃吧. 好想吃
也好餓了. 今天真美好. 有吃有玩又
不用工作. 很爽. 做什麼都好. 我想
放縱一天   「By 潔威 Rudi」

唉這寫个不个太詩意呢
了解腦中怎麼有這些聲音

現在好想起身瑜珈+冥切
疫情好使
腦中好多顏色的光

8歲巴我

我現在想吃甜点.....

原來我能放鬆?

好耶!

非常有趣的書寫！

「這樣會不會寫得太詩意？」或許從來沒有想過能寫這樣的內容，也或許曾經有過這樣書寫的經驗，但已經是很久以前。當我們嘗試用心、用感性去看待周遭世界、看待我們的生命，而不再只是單純「看到」，便會有許多我們意想不到的發現。透過感恩書寫，便是一個練習的開始！

「腦中怎麼會有這些聲音？」、「疫情好煩！」、「腦中有好多顏色」、「原來我能放鬆？」其實我們腦中，隨時隨地都有許多聲音冒出。「那為何平時沒有注意、發現呢？」主要是我們都沒有讓自己靜下來去聆聽內在聲音，甚至有許多時候，我們直接就用理性思考過濾掉內在聲音。當開始運用豐盛心靈寫作的方式書寫，便能夠藉此聆聽內在聲音，發現生命有許多可能性和不曾認識的自己！

感恩書寫心靈訊息

透過此書寫主題，將帶給你的學習：

1. 培養感恩之心
2. 保持正念與健康能量狀態
3. 練習想像／冥想，創造實相的能力

第 9 天

感恩體內細胞的新陳代謝

感恩書寫練習步驟

1. 設定 1 分鐘：想像／冥想體內細胞新陳代謝的狀態，同時嘗試感受、感覺體內細胞新陳代謝的活力與喜悅。

2. 設定 7 分鐘：寫下感恩體內細胞新陳代謝的話語和心境。

3. 7 分鐘時間到，若覺得還沒有寫完，可繼續書寫到覺得完成為止。

感恩書寫主題：	／ ／
感恩書寫內容	潛意識信念或雜訊

威恩書寫主題意涵

書寫「感恩體內細胞的新陳代謝」前，我會建議先進行「冥想」！

其實冥想是一個非常簡單的動作，鼓勵和建議大家可以在每一天清晨醒來時，不要急著起床、不要急著拿起床邊的手機，而是先靜靜的躺在床上，慢慢的深呼吸兩到三次，並且想像著太陽光或是白光，有一股強大的能量照進身體，從頭頂至腳，喚醒你身體內的細胞，感受全身細胞在進行新陳代謝，每個細胞非常的雀躍、愉快，充滿著活力、開心的辛勤運作。同時也可以嘗試著想像有廢棄、老舊的細胞被淘汰、而變成全新細胞的畫面；或想像身體中有一道「黑氣」，從全身毛細孔排出或是從腳底湧泉穴排出的畫面，達到前往未見的通體舒暢。上述就是最簡單的冥想方式。

其實冥想沒有非常困難、複雜，也並不「玄」。冥想也沒有一定要盤腿、打坐等規定的形式，或躺、或坐都可以自由決定，簡單的進行數次的深呼吸，將專注力放在「呼吸本身」即可。即便一開始做不到，容易胡思亂想都沒有關係，深呼吸本身就可以達到放鬆身體、減緩緊張情緒的效果。

同時搭配著「想像力」，想像體內細胞新陳代謝的畫面，並且去「體會」與「感受」細胞新陳代謝的「感覺」，這個過程若能越「具體」（例如想像的畫面很細膩、或是感受細胞新陳代謝帶給自己活力等），想像與感受的過程就會越容易「成真」！簡單來說，越能相信這個「想

像」、「感受」的過程，則越能幫助細胞新陳代謝真實發生！

這個方式源自於許多古老的祈禱方式（藏傳佛教、基督教、美國原住民族等等都有相同的概念），古老的祈禱方式不是向上天「祈求」，而是「感恩」上天的賜予。真正的「祈禱」是去感覺、體會上天已經賜給、已經成真的事實，並且打從內心發出「感恩」之情，其中「感恩」的情緒能量則是幫助我們能夠真實顯化、豐盛的關鍵因素。舉個簡單的例子：祈禱下雨要能實現的關鍵不在於「祈求、祈禱」，而在於「感恩」老天「已經下雨」，並且充分的去「感受」已經下雨的氛圍、雨滴滴在身上肌膚的感覺。

因此我常講，豐盛心靈寫作的關鍵並不在於「主題書寫內容」，而是在書寫前的冥想／想像，以及書寫過程中觸發的潛意識信念和內在情緒，才是首要的重點。「感恩體內細胞的新陳代謝」這個主題便是如此，先不用急著書寫，透過冥想感受身體細胞的新陳代謝運作，然後將內心感恩之情書寫下來，反而能發揮最大的功效。

在書寫的過程中，會讓大腦進入希塔（Theta）腦波狀態，因此容易反映出內在聲音與狀態。許多人在書寫「感恩體內細胞的新陳代謝」主題時，可能會遇到下列兩種狀況。

小婷因為長期患有慢性疾病，在一開始冥想和書寫時，很難進入「想像」。一想到自己身上的病痛時，就陷入病痛本身，而無法去想像與感受「體內細胞新陳代謝」的狀態。同樣的，如果生活中充斥壓

力、太過忙碌的人，也容易卡在無法「想像」或是沉浸在自己的「壓力」或「苦痛」當中。

如果是這類型的狀況，建議不要勉強自己一定要做這樣的冥想和想像。我會比較建議，先將內在的情緒書寫下來，例如寫下自己對於疾病、病痛的「痛苦」、「傷心」或「憤怒」等情緒；寫下自己生活中的壓力、事件，先持續至少 7 天到 14 天（因人而異，但至少連續 7 天），慢慢的就會比較容易進入冥想與感恩「體內細胞新陳代謝」的階段。

此外還有一種情況，看似容易進入冥想與感恩的狀態，但是對照書寫內容後，會發現書寫內容隱藏著許多「情緒」和「批判」，通常是會覺得自己過往沒有好好照顧身體、沒有好好飲食或是從來沒有注意、想過身體細胞的勞累、辛苦等等。看似「反省」、「檢討」，希望自己以後不會再這樣，或是下定決心要好好照顧身體之類，其實這些都是「不必要」的喔！這一些情緒能量，底層信念其實還是反映出「自責」、「不愛自己」，相對於「感恩」，則是較低的情緒能量。

感恩書寫的目的，在於讓我們自身保持或提升到較高的情緒能量狀態，如果在書寫過程當中有發現隱藏著「自責」、「批判」這類較低的情緒能量或潛意識信念時，則可以適當的調整。或許有人會說，難道都不需要「檢討」、「反省」與「改進」嗎？當然並非如此，而是要適度與客觀的「檢討」、「反省」；過度的檢討、反省，則會讓自己陷入「自責」、「批判」的能量狀態。

那問題來囉，書寫過程都只能「正向思考」嗎？當然不是啊！例如前面小婷的例子，就是不要逼自己「正向思考」，先將「負面情緒能量」書寫下來，先讓內在能量有適度的宣洩，這樣才有「多餘的空間」可以裝載新的「正向能量」。就像開車一樣，要嘛踩油門往前進，要嘛反方向倒退，甚至乾脆停留在原地不動都好，最怕的是我們是一邊踩油門、同時又踩煞車，不僅車子無法前進，引擎還會加快磨損。

　　同樣的，當我們在書寫時，如果遇到主題卡住，不用勉強自己馬上進入書寫主題的狀態，可以停一下、緩一下，先嘗試書寫負面情緒，讓內在堵塞已久的情緒能量先有宣洩的管道；書寫一陣子後，再重新回過頭來針對主題書寫，反而有更好的效果，而不用逼自己一定要馬上書寫、馬上面對。

感恩書寫紀錄分享

感恩書寫主題： 感恩體內細胞的新陳代謝	
感恩書寫內容	潛意識信念或雜訊
謝謝自己的身體細胞！努力認真地運作。讓我可以維持正常的身體機能運作！能有心跳、呼吸、血液可以順利的循環到每個組織、器官等。同時讓我的大腦也得以正常、順利地運作、指揮身體上上下下的部位。 我可以思考、可以有情緒、可以有反應、可以有判斷、可以有行動，因為這都是細胞認真的吸收養份、汰舊者、成長者、運作者，新陳代謝的狀況越來越好。 謝謝自己願意在2019/10/14開始用正確的健康減重方式，不僅飲食均衡者者不吃不健康的食物，大量攝取原型食物，也透過定期的運動，讓身體的代謝 情況更棒！減脂增肌！2020年10月更認識了「營養免疫學」更懂得吃對的食物 才能讓我們的免疫系統如此健康。更有保護好我身體的好能力！ 感恩 謝謝自己細胞正朝健康邁作者	前2分鐘有被母親來按開門打斷1次！ 書寫時仍有失當時敲打斷景象呈現

書寫過程中將細胞運作流程描寫出來，是很棒的方式！這便是想像細胞新陳代謝的具體形式之一。

在此書寫潛意識信念或雜訊中，提到書寫被打斷。看似無關緊要的小事，其實有時反而是重要的提醒！在書寫主題過程中被打斷，或特別想起某個人、某件事、某物品，都不會是單純的巧合，通常都代表書寫主題和該人、事、物有關聯性。

例如，書寫主題是「感恩體內細胞的新陳代謝」，則可以多注意「健康方面」的議題，因為打斷者是「母親」的角色，則通常又跟女性疾病有關（可多注意自己或母親）；若是書寫主題是「感恩自己」、「感恩自己的軟弱」、「感恩不完美的自己」則比較容易跟「被愛」的議題有關。

當然也無須過度敏感，搞得自己在書寫過程中神經兮兮，只要順其自然想到什麼就寫什麼，不用特別刻意要去找潛意識訊息或是有代表什麼意涵。刻意想知道，就容易有所偏頗，反而失去感恩書寫的本意！

感恩書寫心靈訊息

透過此書寫主題，將帶給你的學習：

1. 練習想像／冥想，創造實相的能力
2. 化解、宣洩內在情緒能量
3. 建立與內在對話的管道

第 10 天
感恩大自然帶給我們的療癒力

感恩書寫練習步驟

1. 設定 1 分鐘：想像／冥想身處大自然的情境，同時嘗試感受大自然帶給我們的療癒力。
2. 設定 7 分鐘：寫下對於大自然帶給我們療癒力的感恩。
3. 7 分鐘時間到，若覺得還沒寫完，則可繼續書寫到覺得完成為止。

感恩書寫主題：	／ ／
感恩書寫內容	潛意識信念或雜訊

感恩書寫主題意涵

或許是因為在南投出生，我特別喜愛大自然！每次旅行、尤其是出國，我都特別喜歡找一些屬於大自然的景點，去感受大自然的美好。現在科學已經證實親近大自然對人體有許多好處，例如森林中散發的芬多精，對於舒壓、放鬆以及調整免疫力，有很大的幫助。同時身處森林之中，負責抑制人體不必要活動的副交感神經，會比在城市更活躍 50%，也就是說在森林中身體會放鬆一點；相反的我們的「壓力荷爾蒙」皮質醇的含量，在森林中會減少 20%，有效幫助降低壓力。

此外科學家也發現，當我們靠近大海時，我們的大腦會從占用模式切換至放鬆模式，海浪聲則能夠激活大腦前額葉皮質區，撫平焦慮的心情，減少抑鬱症。同時凝望海洋，也能幫助腦波改變，進入清靜的冥想狀態，這也是為何許多睡眠品質不好、失眠的人們，在夜晚睡覺時，聆聽海浪聲譜寫而成的輕音樂，會有很大的助益。

還有在瀑布底下、或雷陣雨發生時，空氣中常夾帶著大量的負離子。負離子有著「空氣維他命」之稱，目前證實具有淨化空氣、活化經絡、提升免疫力、抗氧化、防衰老等等，對人體多有益處。這也是當我們接近瀑布或是下過雷陣雨後，都可以感受到空氣中有股格外清新氛圍的原因。

因此，能夠常常接近大自然，享受大自然奇妙的療癒能量，絕對是有益身心健康，也是送給自己身心靈最美麗的禮物。不過現代人工

作太過忙碌，假日便待在家，睡到「自然」醒（似乎也是種另類接觸自然的方式），沒有這麼多時間或是體力、心力去大自然走走，怎麼辦呢？其實有個最簡單的方式：冥想。

如果真的沒有太多時間、假日只想好好休息的話，不妨嘗試運用冥想的方式：冥想行走在森林間的感覺，躺在沙灘上聆聽大海聲音的感覺，便能夠輕鬆、有效達到改善腦波狀態，心情放鬆、紓解壓力的作用喔！同時如果能夠在冥想的過程中，加入「感恩」的心情與感受，則更有加乘的效果。

我們大部分人在每日生活中，都忽略了許多大自然給予我們的豐盛禮物，甚至是無感或是視為理所當然。舉例來說最簡單的就是「氧氣」，如果沒有氧氣，我們根本無法存活，但平常我們並不會特別去感恩「氧氣」。提到氧氣，那當然就不得不提到生活周遭環境的植物，如果沒有植物行光合作用，怎麼能將二氧化碳轉換為氧氣供我們呼吸呢？此外，植物還扮演著提供我們食物的角色，這也是許多宗教在用餐前會先祈禱、感恩上天賜予每日食物的用意。

感恩能夠幫助我們維持心境穩定、心態柔和。越能夠處處感恩、事事感恩的人，自然情緒能量就容易處在較高的狀態，也因為感恩，在面對許多的人、事、物時，不會太過於「理所當然」，同時也會比較容易「看得順眼」。

或許有人會問該怎麼開始冥想？以及冥想是否有什麼該注意的

呢？其實這倒不用擔心太多、想得過於複雜，你也可以將冥想當作是「想像」，想像行走在森林間的感覺、想像躺在沙灘上聆聽大海聲音的感覺即可。想像徜徉在森林中、瀑布底下，被芬多精、負離子包覆的感受，感受大自然正在透過其療癒能量，將你身上的負面能量清除，非常舒服輕鬆；也可以想像在沙灘聆聽大海聲音、或是漂浮在海洋、水中的感受，全身放鬆，無憂無慮，所有生活中、工作中的壓力被釋放到海裡。冥想沒有特定形式，只要過程中你自己可以感受到放鬆、舒服即可。

　　有些人一開始可能不容易進入冥想的狀態，或是生活、工作壓力過大，容易冥想到一半就想到生活、工作的人事物，而覺得煩躁。此時我會建議不妨真的抽個空，走入大自然，去體會、感受大自然的療癒能量。像我自己有時候心情不好、壓力過大、或是創作沒有靈感時，便會去大自然走走。不是有句話說：「休息是為了走更長遠的道路。」千萬不要吝嗇於「愛自己」，給自己一小段時間、空間，都會有很大的幫助。如果是居住在都市，不妨到城市中的小公園走走，也是一個不錯的選擇喔。像我自己偶爾就會在晚上去公園走走，讓頭腦休息一下，有時反而更有靈感跟動力！

　　最後，在冥想／想像大自然帶給我們的療癒力之後，我會建議書寫下對於大自然的感恩之情。雖然許多科學證實，光是冥想就可以帶給我們身體很好的自癒力，不過我會特別建議書寫感恩，有一個很重要的關鍵。當我們寫下感恩時，其實代表著「已經完成」這個實相（事

實）。

　　什麼意思呢？思考一下，當我們說感恩一個人、事、物，通常是什麼時候？正常情況下，都是對方對於我們有恩、有幫助時、或之後，我們才會說「感恩、感謝」，不太會是事實「還沒有發生」，我們就先說「感恩、感謝」（有些人特別有禮貌則除外）。例如我們會說「感恩你借錢給我」，代表著對方「已經」同意借錢。因此當我們在冥想後書寫感恩，其實也意味著大自然對於我們的療癒「已經完成」，如此一來會有更明顯的成效喔！

感恩書寫紀錄分享

感恩書寫主題：感恩大自然帶給我們的療癒力	
感恩書寫內容	潛意識信念或雜訊

大自然是非常神奇的存在，在人類尚未出現
之前就存在在這個世界已經孕育了人類，就
用最自然，包容的方式保護著人類，讓
人類可以自在的在這樣的空間生存，
跟隨著大自然的神奇力量，存在著人們
無法想像的強大，讓我們可以呼吸，
生活所有的需求，大自然就盡其所能的
給予我們，愛護著我們，涼爽的風可以
讓我們感到舒暢，溫暖的陽光，讓我
們得到能量，療癒的雨水洗去我們
內心的傷痛，感謝大自然無私的奉獻，
以及不求回報的愛，是大自然的存在，
才有我們，用盡無私的給予，讓我們
恣意的享受，請讓我們一起珍惜且
硬已共存，回饋它的愛和，感謝大然
感謝它療癒我們的身心靈，Everthing。

這篇書寫內容對於大自然神奇之處、運作方式描述得非常詳盡、清楚。但若細看觀察，可以發現右邊潛意識訊息、雜訊的部分全部空白，這是非常有趣的現象。通常右邊空白，最常見的情況是因為對於主題很熟悉、有把握，在書寫過程中就會非常順暢，幾乎沒有右邊的部分。但相對來說，因為對於「主題」熟悉有把握，在書寫過程中，就自然容易流入「理性邏輯論述」的書寫狀態。

　　以此書寫內容，可以看到在前半段比較多是對於大自然的療癒能力做論述，到最後一部分才比較明顯進入感謝、感恩的狀態。這並沒有「對錯」的問題，只要拿起筆開始書寫，就是好事，慢慢的保持書寫習慣，就越能夠探索內在與保持感恩的能量狀態。

感恩書寫心靈訊息

　　透過此書寫主題，將帶給你的學習：

1. 練習想像／冥想，創造實相的能力
2. 連結大自然，體會合一與療癒的感覺
3. 練習靜心
4. 練習愛自己

第11天
感恩自己擁有健康的身體

感恩書寫練習步驟

1. 設定 1 分鐘：想像／冥想自己擁有健康的身體，並且快樂、喜悅生活著的情境。

2. 設定 7 分鐘：寫下感恩自己擁有健康的身體。

3. 7 分鐘時間到，若覺得還未寫完，則可繼續書寫到覺得完成為止。

感恩書寫主題：	／　／
感恩書寫內容	潛意識信念或雜訊

感恩書寫主題意涵

想像一下，你現在正坐著飛機，飛越大海上空。如果有人突然要求你走進駕駛艙駕駛飛機，相信應該不容易，至少多數人都辦不到；但是如果要求你干擾駕駛員，造成駕駛員分心，則容易多囉（當然只是舉例，不要亂做）！

這個飛機駕駛的例子，其實就像是我們潛意識和內在情緒的運作（乘客），會影響到身體的健康（駕駛員）。現代醫學、科學都已經有印證，當我們處在憂鬱、煩惱、擔心、憤怒等較低情緒能量的狀況時，會影響到身體的運作和健康，甚至許多疾病形成的原因，都是因為內在情緒所造成。很多心理、情緒問題獲得改善、解決後，生理的疾病、病痛便不藥而癒。因此，「感恩自己擁有健康的身體」書寫主題的目的，正是希望透過「心理」影響「生理」。

以前有部電影，其中講述：在某鎮上有一個行事放縱、桀驚不馴的村民叫牛結實，被鎮民視為異類，他讓村民恨得牙癢癢，又不能除之而後快。後來有一個醫生獻出一計，使用「意念」一招，結合全村的演技，每個人遇到牛結實，都告訴他：「你臉色怎麼這麼蒼白！」，甚至作勢感嘆不已，彷彿他已經不久於人世；且人人一反常態，都假裝放下過往恩怨，對他特別好。最後，牛結實因為心理作用，覺得自己好像真的身體有問題，於是變得越來越病懨懨。

同樣的，當我們越告訴自己「有健康的身體」時，則身體狀況就

會變好；反之如果每天都覺得自己身體哪裡有問題、哪邊怎樣，疑神疑鬼，則自然身體會有很多狀況。潛意識猶如一座祕密花園，當你在花園中種下怎樣的種子，它就會長出怎樣的果實，當我們每天為自己種下「健康」的種子和信念，就會長出健康的果實；相對的，當你種下的是「不可能」種子，那自然獲得的果實就是「不可能」。

潛意識是全天候 24 小時運作（無論你醒著或是睡著），除了大腦之外，潛意識也是負責掌控許多身體維生機制的重要環節。當我們在睡覺時，有意識運作便會趨緩，但是潛意識並不因此而停止下來，而是繼續運作著。就像消化系統、腺體分泌，甚至許多神奇複雜的身體運作，並不因為睡著而不運作。

因此當你的身心受到干擾、覺得有煩躁、憤怒、不耐等情緒時，不妨先停下腳步，好好靜下心、放鬆的透過書寫與你的內在潛意識說說話，告訴自己你是健康的、充滿活力的，感謝身體每日辛勤的運作，感恩活在當下的自己，都是對於身體健康很有助益的一個過程。因為「你相信什麼，什麼就會成真！」，如果任由負面的情緒能量一直在內在保持 24 小時運作，就會造成失眠、情緒、健康等問題。

我有個學員妮妮，她在感情中一味的委屈求全，打壓自己配合男友，換來的卻是數次的劈腿、出軌，而她仍舊一而再、再而三的原諒對方，哀求對方與她復合。經年累月下來，終於有一天她倒下了，感到莫名的胸悶、胸痛，到醫院也檢查不出原因。後來我請她將過往的委屈、怨恨等情緒都書寫下來，連續書寫 7 天後，胸悶、胸痛的感覺

逐漸消失，又持續一段時間後，這樣的情況完全消失。這是一個很典型心理造成生理疾病的狀況。

而另一個學員阿宗，則是在學校打籃球時常常受傷扭到腳，一般看來這就是打球不小心造成，沒有什麼值得大驚小怪的；但是通常特定事件一再重複發生時，便比較有可能是因為潛意識信念造成或吸引導致。後來在書寫過程中發現，最主要的關鍵是因為他身高矮小，不太願意參加朝會，因為每次排隊都要排到最後，會被別人取笑身高。因此造成他常常用「扭到腳」受傷的事件，讓自己不用參加朝會。這又是一種潛意識信念造成生理狀況的典型案例。

事實上潛意識並不會特別分辨意識、信念的對與錯，關鍵只在於是否能讓生命繼續維持。聽起來有點難懂，舉個例子：例如「恐懼」這個情緒，大部分人可能第一印象會覺得是不好的、討厭的，但是如果我們今天在野外遇到老虎、野獸時，若不知道「恐懼」，可能就會傻傻的「羊入虎口」了。「恐懼」看起來是不好，但在某些關鍵時刻，卻是幫助我們存活的關鍵。

再舉個例子，有些人經過重大事故後，常常會呈現一種狀態，「沒感覺」、「哭不出來」。明明經歷的事故非常悲傷、痛苦，但為何會沒感覺甚至哭不出來呢？在多數情況下，沒有情緒和感覺是很危險、也很恐怖的事情；但在特殊情況下，卻不得不如此，因為當下無法接受事實，如果接受或去感覺事故發生的經過，可能就會導致情緒崩潰或精神錯亂。因此潛意識只好先選擇「關閉情緒和感覺」，使得我們

至少可以先存活下來。

　　潛意識只是簡單的遵循你相信什麼、你選擇什麼以及你想要什麼，而塑造出外在世界和生活，但許多生活中的人、事、物，都會影響我們的潛意識信念，有時甚至我們都已經不知道為何如此、或是為何有此信念（例如阿宗腳常扭到，關鍵原因只是因為不想參加朝會）。所以，最好、最簡單釐清潛意識信念的方式，便是透過書寫，有機會自其中發現蛛絲馬跡，進而有機會改造、改變潛意識信念。

　　「感恩自己擁有健康的身體」是最容易碰觸到「相信、不相信」的議題，以及本身是否受到集體潛意識信念、他人意念影響的書寫主題。有些人光看到「自己有健康的身體」就萌生出「可能嗎？」、「真的會好嗎？」等相信的議題；有些疾病例如近視，很多人都會告訴我們不可能治好，只能依靠手術；甚至「恐怖」的癌症，很多人都無法接受，因為癌症幾乎無藥可救」，而且變好了、終有一日還是會復發。

　　但你是否想過，上述這些情況，其實都有許多「奇蹟」案例發生，真的都「不可能」、「不會痊癒」嗎？或許有些人會將這樣的「奇蹟」歸因於「幸運」、「命不該絕」，且認為不可能發生在自己身上，但我更願意「相信」，奇蹟、幸運是可能發生在我生命中的！如同前面提到：豐盛與潛意識的運作關鍵，在於「你內在真實相信什麼，什麼就會成真！」

　　那此刻你相信什麼呢？

感恩書寫紀錄分享

感恩書寫主題：感恩自己擁有健康的身體	
感恩書寫內容	潛意識信念或雜訊

2年以前,我一定不相信自己會覺得
這有什麼好感恩的

去年年初,還是前年(我竟然忘了!)
我做了一個大手術(約10小時)
第一次覺得,生命無法掌握在
自己的手上,因此開始向外尋求力量。

接觸了身心靈的書,相關專業的朋友
我明白了原來意識,思考,感恩
也可以影響健康狀態
　　　　　　　　偷看了一下時間
　　　　　　　　怎麼了3分多鐘

感恩當年醫生的療癒,先手算我收復健康
現在可以天天做自己喜歡的工作,
有力氣去打拳,運動,帶狗出去玩
　　　　　　　　一張紙寫不下
　　　　　　　　生厭煩時

可以享受美食,還有能力幫助別人
手術後三個月我一個人去西班牙旅行
看著湖邊美景我竟然就激動而滿足
健康的身體是自己和身邊的人一起努力的
成果,提醒自己天天感恩!
　　　　　　　　還要拿紙
　　　　　　　　好麻煩

　　　　　　　　　　皓雲　2021.7.18.

158

書寫過程中，記錄擁有健康身體的自己，可以盡情享受生活，做自己喜歡的事情，這部分的書寫真實且具體，都有助於強化自己渴望擁有健康身體的意念。

而在右邊書寫部分記錄「怎麼才 3 分鐘」、「還要拿紙好麻煩」這些情緒，是非常不錯的！先前提到「心理」影響「生理」，特別是剛好在書寫跟「健康」有關的主題，反而更提醒了我們：「要對自己有耐心、更有愛！」因為不耐煩、急躁等情緒，都會影響到身心健康狀態。

覺察在書寫過程中產生的每一個念頭，並且將其記錄下來，都會有幫助且提醒我們！這篇書寫便是一個很棒的範例。

感恩書寫心靈訊息

透過此書寫主題，將帶給你的學習：

1. 強化正向信念
2. 覺察內在情緒
3. 加深渴望擁有健康身體
4. 愛上自己

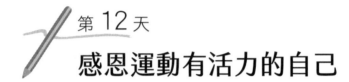

第12天
感恩運動有活力的自己

感恩書寫練習步驟

1. 設定 1 分鐘：想像／冥想自己開始運動並且充滿活力的畫面。

2. 設定 7 分鐘：寫下「感恩運動有活力的自己」。

3. 7 分鐘時間到，若覺得還沒有寫完，則可以繼續書寫到覺得完成為止。

感恩書寫主題：	/ /
感恩書寫內容	潛意識信念或雜訊

感恩書寫主題意涵

　　一看到「感恩運動有活力的自己」書寫主題，對於許多有維持運動習慣的人，很自然不會覺得有太大的書寫問題，甚至在書寫的過程當中可以充分感受到運動時的愉悅；但是對於平常沒有運動習慣的人，一看到主題時，就可能會卡住而不知道怎麼開始動筆。如果你是屬於後者，那麼在面對此書寫主題時，可以先嘗試使用冥想的方式，想像自己已經有養成運動習慣，並且能夠在生活當中保持活力的狀態。

　　「感恩運動有活力的自己」書寫主題，是我在帶領「完美體重書寫工作坊」時常用的書寫主題。常從事運動和健身鍛鍊者，大多會聽過「肌肉記憶」（Muscle Memory）。肌肉記憶是一種自然法則，當你經過一段時間的運動訓練後，即使停止活動導致肌肉消失，重新鍛鍊仍能快速回復原有水準。譬如騎腳踏車、游泳，學會後即便很久沒有騎腳踏車或游泳，一旦需要，便能重拾記憶，很快上手，不會因為長期不使用而忘記怎麼騎車、游泳。

　　大多數人提到肌肉記憶時，比較著重於「肌肉」，事實上這和身體的肌肉大小、線條無關，反而著重在腦中「記憶」的能力，這才是為何長時間不鍛鍊、身材變形之後，仍舊不會忘記怎麼騎腳踏車和游泳的關鍵。最近科學家發現越來越多證據支持這項說法：儘管做過的艱苦鍛鍊你早已忘記，但那些肌肉可能在默默等待被喚醒。肌肉記憶不僅包括如何操作肌肉、身體完成事情，也包括肌肉組織的損壞、修補與重建，而這些生理知識的觀念與記憶，當你再次肌肉受傷時，就

能夠更快、更容易恢復，甚至比以前更好（就像有句話說：「打斷手骨顛倒勇」）。

影響肌肉記憶的兩大關鍵：神經肌肉通路（Neuromuscular Pathways）及生理系統（Physiological Systems）。

生理系統大家比較容易理解，主要就是透過運動、健身，讓肌肉反覆訓練而達到熟練的效果；而神經肌肉通路則更是形成肌肉記憶的關鍵因素。肌肉記憶的鍛鍊過程起源於大腦，當我們開始學習新的事物時，大腦會動員全部適當的運動神經元（例如視覺、小腦、肢體等等），來觸發肌肉纖維完成所需的動作。當我們開始運動時，便啟動了肌肉、肌腱及關節中的細胞接受器，接受器負責將訊號回饋到中樞神經系統，因此大腦知道啟動什麼肌肉來進行接下來的動作，這些運動訊號持續在大腦與肌肉間來回進行，大腦便會在中樞神經系統中創造出「通路（Pathways）」，使得動作操作變得自動。當我們越頻繁的使用這些神經肌肉通路時，肌肉記憶就越牢固。

肌肉記憶的觀念適用在任何運動中，即便我們很久沒有運動，身體生鏽、肌力退化，但曾經有過的動作記憶只是暫時被封存，卻不會不見。挪威科學家實驗發現：運動能帶給細胞長期的改變，甚至可能是永久的改變。在老鼠的研究中，在老鼠身上進行六天的肌力訓練，發現在老鼠的肌肉細胞中會產生新的細胞核（Nuclei）。這是一個新的大發現，因為這些細胞核包含製造新肌肉所需的 DNA 藍圖。最重要的發現是，當老鼠停止訓練數個月之後，即使肌肉萎縮，這些新形

成的細胞核仍然存在著，等待運動來重新喚醒它們。

近期兩項關於嚙齒類動物和昆蟲的獨立研究，展現了不同的觀點。研究顯示，即使經歷肌肉萎縮或程序性死亡，細胞核也不會從萎縮的骨骼肌纖維中消失，這意味著一旦肌肉纖維獲得細胞核，它便會一直存在。儘管這些研究還未直接與人類結果比擬，但對理解肌肉生物學仍有重要意義，由於肌細胞是肌纖維的合成引擎，保留它們將可使肌肉大小和力量在一次退步後更快恢復，也能夠用來解釋肌肉記憶現象。

理解肌肉記憶的概念後，就不用擔心「久未運動」的問題。雖然大多數人可能沒有保持運動習慣，但在年幼的就學過程中，多少都有過運動的經驗，因此這些運動細胞核都存在我們身體當中。雖然我們不一定馬上會恢復運動、或是還沒有準備好要開始運動，都可以先透過冥想的方式，啟動肌肉記憶。現今越來越多運動員都會使用冥想的技巧，幫助訓練以及準備比賽，正是這個道理。

著名長跑運動員迪納・卡斯特（Deena Kastor）曾說：「冥想讓我獲得了豐富的比賽經驗，甚至讓我在對手出手之前就能感覺到她的動作。視覺化創造了一個強大的信念，那就是我想要實現的目標是可能的。在可視化中，我試圖看到各種各樣的比賽場景，並在所有場景中取得成功。當我看到它，我可以相信它，然後成為它。」

現代運動員的訓練過程中，都會導入冥想／可視化／視覺化的訓

練方式。研究發現，兩批運動員，一批完全用傳統體能方式訓練，另一批運動員則是部分時間以傳統體能訓練，一部分時間用來冥想：冥想比賽當天的情境、模擬想像對手的策略。結果發現，有用冥想訓練的運動員，不僅比賽表現更好、更能夠放鬆、釋放壓力之外，還意外發現，許多「想像的畫面」，在比賽當天，真的如同當初「想像的畫面」一模一樣的「重現」在比賽現場，非常神奇。

因此我們在書寫「感恩運動有活力的自己」主題時，雖然沒有真的開始運動，但是依舊可以使用冥想的技巧，想像自己開始運動並且充滿活力的畫面，這樣會有助於肌肉記憶的恢復，進而開始幫助自己有動力、意願開始嘗試恢復運動喔！

感恩書寫紀錄分享

感恩書寫主題：感恩運動有活力的自己	
感恩書寫內容	潛意識信念或雜訊

坐在椅子上也能跳拉丁有氧吧，這是Muriel教練特別為身障者設計的課程。

我透過螢光幕跟著Muriel一起做動作。一開始好混亂，怕跟不上教練的動作，怕跟不上音樂的拍子…但一切都是多慮的。我沒有要跟誰比較，我只要透過動作來伸展筋骨，達到運動的效果就好了，有什麼好擔心的呢！

其實一節三十分鐘的課程整個下來還是好累，流汗、擦汗、喝水、偷懶、發呆。手臂很痠痛，大腿肌肉也很有感…雖然如此我還是願意運動，運動讓自己充滿活力。我感恩運動有活力的自己，更感恩我為自己的健康做了努力。

運動後看看鏡子中的自己，都漂亮起來了。^^

（潛意識欄）腦海中出現Muriel的形象，高高馬尾女孩

（潛意識欄）時間不知道快到了沒有？好怕感不完整。

透過書寫重溫一次運動的歷程與感覺，是非常不錯的一件事！書寫的過程其實也是幫助我們「重新運動」一次！此書寫主題在一開始提到，如果沒有運動習慣者，仍舊可以透過想像／冥想的方式，去感受自己開始運動且充滿活力的情境；而原先就有運動習慣者，更建議在運動過後，可以透過書寫記錄運動的過程，如此一來不僅僅是讓細胞肌肉記憶「重溫」一次運動的感覺，長期書寫後，可以發現許多運動技巧更為精進（如同前述運動員透過冥想練習的例子）！

實際有運動者，在書寫此主題時，若能保持覺察在運動過程中或是書寫過程中，有哪些跟主題無關的想法萌生，並且記錄在右邊，則能幫助自己克服許多內在的心理障礙，進而找到突破的方式。記得，書寫內容固然重要，而保持覺察，記錄潛意識訊息、雜訊，更是可以幫助運動員練習專注力、靜心的方式喔！

感恩書寫心靈訊息

透過此書寫主題，將帶給你的學習：

1. 觸發細胞肌肉記憶
2. 恢復健康與活力
3. 練習加深對自己的愛

第 13 天
感恩疾病帶來的禮物

感恩書寫練習步驟

1. 設定 7 分鐘：寫下感恩疾病帶來的禮物（若有多種疾病想書寫，則建議分開書寫，一次只針對一種疾病）。
2. 7 分鐘時間到，若覺得還沒有寫完，則可以繼續書寫到覺得完成為止。

感恩書寫主題：	/ /
感恩書寫內容	潛意識信念或雜訊

感恩書寫主題意涵

越來越多科學實驗證實，絕大多數的疾病成因（70%~80%，甚至更高！）都源自於心理壓力、狀態。尤其現代社會的生活步調、經濟壓力等因素，造成許多人有睡眠障礙、心律不整、心血管疾病、腸胃道疾病、免疫力失調、憂鬱症、躁鬱症等，都是現在常見的心理壓力、狀態引發慢性疾病的案例。

心理因素引發疾病，我相信大多數人都曾聽過這樣的觀念，不過鮮少人知道，許多的疾病形成其實跟潛意識信念、集體潛意識也有相關性。以下分成幾種常見的情況跟大家探討：

第一、內在缺乏愛、對愛沒有安全感

有次在課堂上，珊妮在書寫此主題時，突然發現她以前都沒有氣喘的病史，後來出現氣喘現象，是從她小孩成家立業、獨立搬出家裡之後才有的情況，也因為氣喘的因素，小孩比起以往更會關心、注意到她。她驚覺，其實自己是透過「氣喘的手段」，向孩子「索愛」！

發現這個現象後，她透過持續的書寫，去釐清自己為何需要「索愛」、為何對於愛有不安全感等。與自己內在對話、和解後，她氣喘的現象不藥而癒，同時和孩子間的關係，也比以往更為親密。更重要的是在書寫過程中，她學習到不需要「透過疾病索愛」，而代之以更健康的方式：直接與孩子溝通，真實表達自己害怕失去孩子陪伴、害

怕孤單的內在情感。

發生在我們生命中的人、事、物絕非巧合，必然有其原因，否則造物主和我們的靈魂也不會容許其發生，只不過我們不一定能馬上了解事情為何發生，許多事可能要經過多年的歷練，才能有所體會。

同樣的，「疾病」亦是如此。當我們發生某疾病時，我們可以先嘗試假設：疾病的發生不是巧合，而是會帶給我們好處和學習的課題。從這前提開始去探索，究竟此疾病為何會發生在我們身上，對我們有什麼好處，以及要讓我們學習的課題是什麼？如此就能「破解」疾病形成的原因，進而改變潛意識信念。

就像上述例子，珊妮發現氣喘的原因，是因為「索愛」，害怕孤單、失去愛的陪伴。當我們知道疾病形成的底層原因後，便可以打破框架，進一步思考，難道「索愛」一定要用這麼「悲慘」的方式嗎？不能有其他方式嗎？如果改以直接向孩子們表達內在情緒以及軟弱、害怕，不是更好的處理方式嗎？當我們內在有如此覺察時，便自然不再需要透過疾病來達到索愛的目的，自然也就能夠不藥而癒。

第二、自責、愧疚、沒來由的罪惡感

許多對於自身要求較高、或是追求完美者，老是深怕自己做錯什麼，時常心生懊悔、自責，就容易引發頭痛、憂鬱等問題。

筠婷出身單身家庭，自小就是乖乖牌，習慣於承擔家務等責任，

陪著媽媽抵禦親友的嘲諷、分攤媽媽情緒，迫使自己提前成熟。出社會後，身處職場群體中，她也很自然的會去承擔許多責任。其實很多事情並沒有人要求或認為她應該做，但是她總是在不知不覺中，就會扮演起「負責」、「助人」的角色。

例如會議中，如果沒有人發言，她就會覺得自己應該說點什麼；公司生日聚會，她就會覺得不要讓氣氛冷場，自己應該做點什麼炒熱氣氛。更糟糕的是，她每每在事情過後又容易陷入自責當中，覺得自己做得不夠好，讓事情不夠圓滿，搞得自己在任何職場、生活場合中，內在總是充斥莫名的自責與罪惡感，從未真正的開心過！

遇到這類情況時，需先了解自己覺得應該「負責」、「助人」的背後原因為何，例如藉此尋求「認同」、「肯定」或「建立自我價值」等，從此著手，解開心理的枷鎖，便有可能慢慢的化解這類潛意識引起的頭痛、憂鬱等問題。

第三、集體潛意識造成的信念疾病

什麼是「集體潛意識」？舉幾個最簡單的例子，例如方向，為何我們現在認知的北方是北方？因為科學家的定義。問題是，為何北方一定要「命名」為北方呢？紅色在許多東方國家被認為是吉利的象徵，但在許多西方世界，則認為紅色代表血腥、邪惡。這都是「集體」潛意識影響我們「個人」潛意識信念的例子。當我們說某些人「不信邪」，往往就是因為他們不相信「集體潛意識」，而嘗試跳脫集體潛

意識的框架、束縛。

同樣的，對於許多疾病的認知，我們早已被深植集體潛意識。舉例來說，大多數人都害怕罹患癌症，為何呢？因為我們早已獲得許多「化療很恐怖」、「癌症無藥可醫、只能撐過幾年」等資訊，但現實有沒有許多癌症康復、甚至癌細胞完全消逝的例子，當然有。

再譬如近視，近視可以恢復嗎？大多數的人都會覺得除非透過手術，或是本身是「假性近視」，才有機會恢復。其實仍舊有許多「真性近視」恢復的例子，但你會覺得「那是少數奇蹟」，而且你不相信「少數奇蹟」會發生在你身上。那麼，是什麼原因造成你不相信呢？因為自己沒有這麼「幸運」嗎？又是誰告訴你，你不會如此「幸運」呢？這些信念又是如何形成的呢？

在此我並非要強調，透過書寫就能有「奇蹟發生」（當然也可能！），但書寫絕對能夠幫助我們釐清內在許多被他人或集體潛意識植入的信念。當我們越清楚這些「不必要」的信念，在接受醫療時，就會增強我們的內在信心、安全感，達到治療的加成作用。事實上，許多醫學研究都證實，在醫療過程中，輔助書寫能有效改善精神健康，減少負面情緒困擾、憂鬱症狀、創傷後壓力症狀，並增加主觀幸福感！

第四、不想要疾病恢復！

不想要疾病恢復？天下哪有這樣的人？事實上就有！記得前面我

們說過：疾病會帶給我們好處以及學習的課題，當我們認為疾病帶給我們的「好處」，大過於疾病本身所帶來的痛苦與不便，便有此可能。以第一個氣喘案例來說，如果珊妮覺得氣喘本身也不是時刻會發生，即便發生也不至於太過嚴重，卻可以換來子女時常的關愛和注意，這樣非常「划算」。當有這樣的信念時，便會在不知不覺間讓氣喘的疾病繼續發生。

綜合上述，當我們在書寫「感恩疾病帶來的禮物」的主題時，可以嘗試問自己下列幾個問題：

第一、我透過這個疾病得到什麼好處？

第二、在疾病過程中，我學習到什麼？

第三、如果疾病好了，我會有什麼壞處？

第一、第二點大家比較容易理解，第三點主要是對應：「不想疾病恢復」；不想疾病恢復，正是因為疾病為自己帶來好處。因此透過「反問」的方式，詢問自己若疾病好了，會有什麼壞處，就可以幫助我們看到疾病形成的真相。

感恩書寫紀錄分享

感恩書寫主題：感恩疾病帶來的禮物	
感恩書寫內容	潛意識信念或雜訊
五年前.先生得到大腸癌第二期.全家陷入一陣混亂及悲傷之中.公婆的難過.無法接受先生的得癌失措.而我則是茫然的看著三了年幼的孩子.但感謝這了疾病的發生讓我們一家重新體認了看似而于不卻有其衝擊的關係.感謝自己的護理專業讓混亂的情況沒持續太久.感謝因疾病發生讓家人有改變.先生不再亂吃也不定時吃飯.不再抽隨煙.開始運动.久字改變飲食習慣.感謝因疾病發生後讓我知道很多人關心我們.感謝因疾病讓整個治療過程.順利.也讓我們在日後遇到有同樣情况的朋友時.能夠給予協助.感謝疾病讓我學准家庭的眼光來看待醫發健.也自己更了解.如何陪伴病患家屬.給予支持.感謝疾病讓三了孩子也更懂得照顧自己.感謝了有机会讓我說出心中的感謝了.	時間怎麼這麼QQ.
2021.07.18 So Flow	

隨著閱讀書寫的過程，可以感受到過往事件快速的在眼前重新演繹。透過書寫過程，幫助自己釐清、發現事件帶來的禮物，這是很棒的過程。越能接受事件的歷程、越能感恩與清楚事件帶來的禮物，則更可能創造生命的奇蹟喔！

　　其次範例中的書寫方式，將過往事件透過「敘事」方式記錄下來，不用急於「感恩」，這是好的書寫方式。尤其許多人在面對過往較大的傷害或是事件時，通常不一定能馬上進入感恩或是內在情感層面，可以先透過敘事方式書寫，先讓內在情緒能量慢慢有流動的機會和空間。不過因為是用敘事方式書寫，通常會比較偏向理性邏輯思考，加上親身經歷或處於事件當下，因此剛開始書寫時，容易左邊書寫許多內容，右邊是留白，這沒有關係。慢慢的、持續的針對同一個主題書寫，右邊情感面、潛意識的訊息，自然就會逐步慢慢流露。

　　有人可能發現：「感恩大自然帶給我們的療癒力」和此書寫分享，都是右邊留白，那有什麼差異之處嗎？兩者書寫分享，一開始都是偏向「敘事」方式，當進入理性邏輯思考，右邊就容易空白。不過差異是：前者的敘事內容，並非親身經歷，而是陳述一段「事實／道理」；後者則是「親身經歷」。通常我會建議如果你發現書寫偏向「事實／道理」，則可以考慮重新書寫，重新用情感、感性面去體會書寫主題；若是「親身經歷」，則沒關係，只要保持書寫意願，持續針對同主題書寫（建議至少連續 7 天），便會有很大的助益和收穫。

感恩書寫心靈訊息

透過此書寫主題，將帶給你的學習：

1. 化解、宣洩內在情緒能量
2. 探索內在隱藏潛意識信念
3. 洞悉疾病形成的心理原因
4. 寬恕和原諒自己
5. 愛上自己

第 14 天
感恩寬恕他人的自己

感恩書寫練習步驟

1. 先設定你想寬恕的人或事件（越仔細、具體越好），一次針對一個人或事件就好，如果有多個事件或人，則分開書寫。

2. 設定 7 分鐘：寫下「感恩寬恕他人的自己」。

3. 7 分鐘時間到，若覺得還未寫完，則可繼續書寫到覺得完成為止。

4. 如果無法「感恩」或「寬恕」，不用勉強自己，先跳過書寫即可。若願意書寫者，請參閱「確定自己內在過關的書寫檢核方式」篇章。

感恩書寫主題：	/ /
感恩書寫內容	潛意識信念或雜訊

感恩書寫主題意涵

這是個很特別的主題:「感恩寬恕他人的自己」,「寬恕他人」看似是自己和他人的「關係」,但是這個書寫主題並不是放在「關係」的章節,為何反而是放在「健康」章節當中?

「寬恕他人」有什麼好處呢?前面我們提到美國著名精神科醫師大衛・霍金斯(David R. Hawkins)提出的情緒能量表,其中正負情緒臨界值在 200,而「寬恕」情緒能量落在 350 上下,當我們願意寬恕他人時,自然就能讓我們的內在情緒能量維持在高點,使我們生命創造豐盛。反之,如果我們緊抓著別人對我們造成的傷害,則會在內在醞釀形成「懷恨」和「悲痛」兩種情緒能量,這兩者情緒能量數值介於 50~75 之間,長期處於情緒能量低落的狀態,不僅容易影響身心健康,也不容易讓生命創造美好事物。

因此當我們願意「寬恕」他人時,除了讓自身的情緒能量保持在高點,也能同時間化解內在「懷恨」和「悲痛」等情緒。所以,「寬恕別人,其實是放過自己。」

「你說的倒是容易!你不是我,你不知道他是怎樣對待我的!你不會知道我這十幾年是怎麼走過來的!」小麗大聲的對著我怒喝。

我至今記憶深刻,那天窗外下著磅礡大雨,如同在反映小麗內在情緒的波動。原本只是單純的分享著情緒能量表當中每一種情緒所代表的能量頻率高低,談到寬恕時,我只是淡淡的說了一句:「寬恕別

人，其實是放過自己。」，沒有特別針對任何人，沒想到小麗突如其來的爆氣反應，當場著實讓我嚇到。好在過往有許多處理個案的經驗，我已經見怪不怪。不料正當我心中盤算該如何開口詢問小麗，劇情急轉直下，還未等到我開口，小麗已經在我面前崩潰大哭，並且一直對著我說，「對不起，我不是故意的！」

面對小麗的崩潰大哭，當下我並沒有特別說些安慰她的話語或是做任何安撫的動作，只是靜靜的坐在旁邊，一邊等候著，讓她內在情緒能量可以充分的自由流動、宣洩，一邊默默的為她祈禱。

一生中我們難免會遇到一些情傷、工作不如意或是與家人、朋友間相處不佳，甚至許多財務、官司、健康、生死交關的事情，總有一些讓我們難以寬恕、放下的地方，但我們往往是用錯誤的方式處理負面情緒。

像小麗能夠如此崩潰大哭，其實是好事。我最常聽見、也最害怕聽見個案說的一句話就是：「還好啦，事情都過這麼久囉！早已經放下了！」為何害怕聽見呢？因為通常會這樣說的人，多數其實並沒有「真正的放下」，只是不想再去談論、不想去面對過往的傷痛或是失敗，甚至是覺得談了又能怎樣？也沒有辦法解決，更何況事情都過去這麼久了，還能怎樣呢？

當我們面對過往的傷痛，沒有用正確的方式去處理、真正了結一段關係之前，其實心裡就還留著一個位置、空洞，並不會消逝不見。

那麼說「早已經放下」，是說謊或是自我欺騙嗎？其實不盡然，通常是因為潛意識的保護機制，而造成我們有錯覺「自己已經好了！」

怎麼說呢？當我們遭遇重大事故、傷害、悲痛時，許多情緒、情感，一時之間無法負荷，如果直接讓我們去面對、感受這些情緒，有些人可能就會直接情緒崩潰，選擇走上絕路，又或者是精神發生問題。因此潛意識會自動的保護我們，暫時將一些記憶、感覺、情緒「封存」起來，讓我們感覺「不這麼痛」。雖然這是潛意識的本能反應，看似對我們是件好事，因為將傷害、悲痛的記憶、情緒暫時封存，才能使我們生命繼續生存下去。但隨著時間經過越久，往往本來只是「暫時封存」，最後卻變成「永久遺忘」。

永久遺忘，忘記傷害、悲痛，這不是件好事嗎？永久遺忘看來是件好事，但若沒有治癒過往的傷害、悲痛，便只是將過往事件「打包封存」，仍舊會在內心佔據一個位置。

除非我們真正的面對問題，治癒內心，才能將過往事件「真正刪除」，而不佔據心中位置。否則隨著時間日積月累，經歷越多的傷害、悲痛時，便會一點一滴佔據內在空間，這時你會發現內心就像舊電池一樣，容量越來越小，怎麼充電都充不飽。不管嘗試各式放鬆身心、出國旅遊等方式，都無法得到真正的開心快樂，反而越活越累、做什麼事都提不起勁。這都還沒有算進因為過往傷害、悲痛，內在形成的潛意識信念吸引而來的負面能量和事件。

遇到問題時，選擇不面對、不處理，只會讓事情變得更糟；面對問題、接受問題、解決問題、放下問題，才是對我們身心靈健康的最佳方式！

　　那麼怎樣才能知道自己是不是真的「解決問題」、「放下問題」，真心寬恕他人，而不是「暫時封存」、「永久遺忘」，甚至只是逃避、「假裝已經放下」，其實根本不願意「面對」和「處理」呢？

　　可參考前面提到的**「確定自己內在過關的書寫檢核方式」**篇章，針對該事件、人物先至少連續書寫 7 天，便是最簡單的檢核方式。

感恩書寫紀錄分享

感恩書寫主題：	
感恩書寫內容	潛意識信念或雜訊
「寬恕」是一門很難的人生功課，一直到我人工流產那一刻，我才理解到我怪罪的母親原來懷孕生產我的過程是多麼辛苦、偉大、痛苦、艱辛，那瞬間我放下對我親生父母的仇恨，他們給我寶貴的生命健康的身體，我卻埋怨他們從小沒有在我身邊照顧我，讓我要承受別人異樣的眼光，長大後對感情也缺乏安全感，一路走來跌跌撞撞，我認為他們沒資格管教我，幸好有火燒過與這陣子，當家人是緣份，寬恕後心情輕鬆多了，原諒別人，是善待自己，我感恩這樣的配。	火燒場面
我寬恕那些有意或無意傷害我的人，雖然我敏感脆弱的心碎滿地，又透過反覆一遍遍地折磨我自己，事情發生過後，我花好多時間和力氣恢復，隨著時間和心態的調整，用不同角度去面對看待同一件事件會有不同的發現，行事如過眼雲煙，一切雲淡風輕了。他們的嘴臉和話語漸漸模糊了。他們漸漸不這麼討厭，甚至可愛了起來。這些「傷與痛」愛恨情仇都將成為生命的養份，我感謝這麼勇敢的自己。	前老闆 恐怖情人 親戚 女網友
2021.7.19	

書寫內容中，有段話是非常重要的關鍵：「他們的嘴臉和話語漸漸模糊了！」如同前面提到：「每個傷害和悲痛，都會在我們心中留下一個位置。」而當我們能夠面對過往事情，打從心底願意寬恕他人時，他們就會從心中的位置慢慢的消逝，不會再佔據我們的內在心靈空間。這時你會發現在日常生活中幾乎不會再想到對方，即便有時候突然想起，也不會有特別傷痛的感覺。若是生活、職場還是有交集，也可以感受到不再那麼討厭對方，情緒也不容易受到對方影響。

　　書寫過程中，右邊有突然冒出的人事物，則建議可以個別針對當事人，獨立書寫，繼續去探索，是否還有哪些話語想對對方說，或是有什麼想法和情緒隱藏在內心潛意識當中。

　　最後要提醒大家的是：書寫此主題時，不僅僅是書寫寬恕他人的部分，更重要的是感恩那個願意寬恕他人的自己喔！

感恩書寫心靈訊息

　　透過此書寫主題，將帶給你的學習：

1. 寬恕他人、感恩自己
2. 修復心靈破洞
3. 恢復健康與動力
4. 練習愛自己

Part3

親密關係篇

第 15 天
感恩自己生命起源第一天
（受精卵的開始）

感恩書寫練習步驟

1. 設定 1 分鐘：想像／冥想自己生命起源的那一刻。

2. 設定 7 分鐘：書寫感恩自己生命起源的第一天。

3. 7 分鐘時間到，若覺得還沒有寫完，則可以繼續書寫到覺得完成為止。

　　在想像／冥想過程中，有些人會陷入擔心自己是不是「胡思亂想」，根本就記不起來生命起源，這樣「憑空」想像有用嗎？其實在許多催眠案例中，都發現讓被催眠者回顧剛出生那一刻的景象，結束後跟母親印證，發現被催眠者看得到醫院景色、人物等等，都是實際發生過的事情。其實這些記憶，一直都儲存在我們的記憶、潛意識當中，並沒有消失，只是我們「暫時」想不起來罷了。因此不需要擔心「胡思亂想」這個問題，放心、放膽的去想像／冥想就對囉。

<table>
<tr><td>感恩書寫主題：</td><td>／　／</td></tr>
<tr><td>感恩書寫內容</td><td>潛意識信念或雜訊</td></tr>
</table>

感恩書寫主題：	／　／
感恩書寫內容	潛意識信念或雜訊

感恩書寫主題意涵

生命的本質就是愛！在關係議題當中，我非常喜愛這個書寫主題，當我們去感受、冥想生命起源的瞬間，便可以感受到一種非常純然、純淨愛的能量，充滿被愛與祝福的能量。每一個生命的誕生都是造物主的祝福與恩典，也是一種愛的體現。

當一個靈魂渴望愛到極致時，便會轉換能量、降生為人。

阿秀和我預約個案諮詢的那天，外面下著磅礡大雨，似乎是她內心情緒的宣告。她是被祖母帶大，父母從小就離異。她語帶激動和憤怒的問我：「如果都說生命是愛的結晶，那為何我的父母沒有愛，還會生下我呢？如果沒有愛，又何必生下我呢？」

事實的真相並非父母彼此沒有愛，只是沒有能夠堅持走到底。很多分手的戀人，也常會說：「如果不愛，當初為何又要在一起呢？」，

當初有愛，只是許多對在磨合過程中無法共同面對，最後選擇分開。如同每一個靈魂在起初之初都是因為愛而降生，但人世間有許多的磨鍊，是否都能經得起考驗，而選擇繼續愛下去呢？

當我們生命遇到低潮、磨難、痛苦時，我會建議可以多嘗試「感恩自己生命起源的第一天」的書寫和冥想，感受精子、卵子結合的奇妙瞬間，從生命一開始就是億萬分之一的奇蹟恩典。而孕育的過程中，從受精卵開始，漸漸的演變成大腦、四肢、心臟等器官，則是生命無限變化、無限可能的開始，以及獨一無二的存在個體，也是愛與豐盛的起源。

「生命真的有這麼美好嗎？那為何我的感受和遭遇這麼慘呢？為何是我要遇到這些痛苦的經歷呢？」阿秀緊接著問我。

每個生命的本質就是愛，生命本來就是美好的！但不可諱言的是，過程可能不全然是甜美和順遂。如同醜小鴨覺得自己很醜，是因為牠還沒有看到自己生命的本質，當慢慢的成長蛻變成為天鵝之後，才會展現出美好的一面；又如同蠶蛹，若沒有經歷過「作繭自縛」的階段，又怎麼能幻化成美麗的蝴蝶？生命的本質就是愛，只是我們生命的歷練過程，還沒有到最後呈現美好果實的階段。我們的確是很容易只看到「現階段」的自己，就如醜小鴨怎麼看自己都覺得現階段的自己很醜，無法體會到變成天鵝的樣子和感覺。

我不想說經歷的痛苦越大、代表有著越大的使命或是任務這類的

話，但是我不得不說，能夠且願意經歷苦痛歷程的靈魂是偉大、值得敬佩的。對於我們的生命歷程，大家可以給自己多點耐心與愛，去體驗、體悟過程中的風景。

我記得有個故事，在生命一開始，所有人一出生就背負著自己的十字架，往生命的道路前進。其中有一個人走到半路，就問上帝：「這個十字架很重，我身材瘦小，不像其他人那麼壯碩，是否可以幫我減輕一點重量？」上帝應許了他，為他的十字架去掉尾端一小節。

「現在呢？」上帝問道。

「感謝您，現在好多囉！」

走著走著，隨著年紀越來越大，體力開始越來越不能負荷，他又問上帝：「看在我年紀老邁，是否可以再為我的十字架減輕一點重量呢？」同樣的上帝又再次的應許。

走著走著，他終於來到生命盡頭的那一刻。天堂之門就在前方不遠處，而天堂和人間間隔著一道鴻溝，許多人紛紛將背負在身上的十字架放下，橫跨在鴻溝之上，形成小小的獨木橋，然後走過最後的生命道路，進入天堂。這時的他，一樣如同他人將十字架放倒在地上，試圖橫跨在鴻溝之上，才發現不管怎麼擺設，十字架的長度都不夠橫跨在鴻溝之上。就這樣，天堂之門近在咫尺，他卻不得其門而入！

每一段生命的歷程不管甜美、悲痛，本質仍舊與愛有關。只是我

們選擇從何角度去觀看和發現生命的真相、本質，而每一段生命歷程，必將成為生命美好果實的養分。許多歷程或許我們無法掌握和改變，但我們也隨時都處在「生命新的選擇」當中，可以選擇面對與改變，也可以選擇逃避，端看我們想要如何過這一生。可喜的是生命如同播種一般：種瓜得瓜、種豆得豆，我們只需盡力、勇敢前行與體悟生命，則必然結出愛的甜美果實，因為生命的本質就是愛。

現在不妨試試回到生命源頭，去感受生命美好的本質：純粹愛的能量。感受那美好愛的能量、深深被愛著的感覺，並且將情緒能量書寫記錄下來吧！過程中若有突然想起的人、事、物，請務必特別記錄下來（書寫在右邊）。例如有的人會突然想起小時候父母親對自己講過的話，或是曾經經歷過的事情片段，可能是美好的事件、也有可能是悲痛的心情。如果是負面的情緒、事件，建議不妨另外書寫下來，讓內在情緒能量宣洩，這些都是會干擾和阻礙與愛的源頭、能量連結的關鍵因素喔！

感恩書寫紀錄分享

感恩書寫主題：感恩自己生命起源的第一天(從受精卵開始)	
感恩書寫內容	潛意識信念或雜訊

感恩父親健康的精子和母親健康的卵子相遇的那一刻。感恩母親擁有健康的身體孕育環境。讓身為受精卵的我好好的成長、茁壯。長成了一個健康的胎兒，也讓以我能夠順利的出生。雖然我不太記得兒時的童年，只記得片段，大部份的時間是空白的。

但我的生命應該有其意義。雖然不記得兒童時期生活。但從青少年以來，我記得了，因為我確認我見了。我有了我，我是我，我存在，我在了。等到這一刻，突然有點想哭。如果別人看不見我，我就不在了嗎？

每個人的生命有其意義。所以我也要活有意義的未來嗎？所以我為了討好需要別人認可，讚許許多事。這是無謂的。父母給我生命，我生命的意義在哪？至少對於這個社會、這家庭，我正面的幫助還是大於負面的，負面的只在我內心而已……

潛意識的傷不是傷，但從小時候的長大了。從小，我應該很被忽見，也不清楚我和其他人的互動。人們、母親、同學、老師。

已低了合理了，好瘦。

書寫過程是一段美妙自我探索的歷程。雖然看似只有前面一段進入「感恩」的狀態，但這一點都沒關係。許多人碰觸到「生命起源」議題時，很容易進入思考自己的生命價值、意義。這是很棒的探索自我、認識自己的歷程，甚至可以獨立另外書寫這些問題。

而書寫過程中，可以看到書寫許多跟「被看見」有關的議題、字句，這和主題無關，因此記錄在右邊是對的。如果以此標準，會發現左邊有一大段的書寫都應該放到右邊。如此一來，就會形成一個有趣的現象：左邊書寫內容少了很多，反而書寫過程幾乎都是潛意識訊息或雜訊（右邊）。這並沒有關係，沒有對錯，關鍵從來不是左邊寫了什麼，而是更應該在意右邊冒出怎樣的潛意識訊息和情感，這反而是更值得繼續往內探索、繼續書寫的主題。

感恩書寫心靈訊息

透過此書寫主題，將帶給你的學習：

1. 感受、體驗、認識生命的本質：愛的能量與感覺
2. 化解親子關係的阻礙
3. 練習與宇宙源頭、愛的能量連結
4. 找到自己的生命價值與意義
5. 愛上自己

第 16 天

感恩造物主的愛

感恩書寫練習步驟

1. 設定 7 分鐘：書寫感恩造物主的愛的話語和心境。

2. 7 分鐘時間到，若覺得還未寫完，則可繼續書寫到覺得完成為止。

　　感恩造物主！在此並不牽涉宗教信仰，造物主你可以根據你的信仰而定，可以是上帝、天主、耶穌、佛陀、釋迦摩尼、觀音、天上聖母、玉皇大帝、阿拉等等，或是單純的想像宇宙最初起源時，有一股創造所有萬事萬物的能量，將其稱為造物主。

感恩書寫主題：	/ /
感恩書寫內容	潛意識信念或雜訊

感恩書寫主題意涵

「因為需要感謝的人太多了，就感謝天吧！」出自陳之藩「謝天」一文。

「感恩造物主的愛」這個主題會反映出許多跟我們內在相關的主題，主要的原因是因為造物主的議題牽涉範圍非常廣泛，有人會從造物主創造萬事萬物、大地、森林、海洋、空氣的層面切入，感恩造物主創造大自然的一切；有人會從父母、親人、家庭成員的角度切入，感恩造物主帶給其幸福的家庭；有人會從生活、工作的角度切入，感恩造物主帶給他生活、工作中所需的一切；有人會從自身與造物主的關係切入，感恩與感受造物主對於自己的愛；有人則會從健康角度切入，感謝造物主給予自己健康的身體等等。

而不同角度的切入點，正意味著目前生活中的重心所在或是遭遇的困難點。因此當你書寫完這個主題之後，你可以重新檢視一下書寫內容所涉及的層面，並且再繼續往下、往深處去探索，通常會有更多新的發現。

書寫「感恩造物主的愛」主題會遇到兩種常見的情況：

第一、造物主教導我什麼、教我學會什麼

許多人在書寫「感恩造物主的愛」時，會提及感謝造物主教我學會什麼。例如：感謝造物主教我學會如何去愛人、學會面對的課題等

等，這個書寫過程的覺察是非常棒的！書寫「感恩造物主的愛」的過程，可以幫助我們重新去檢視許多生活中我們認為「理所當然」的事物。

每天清晨醒來，其實就是造物主對我們最大的愛與奇蹟。事實上，我們怎麼會「理所當然」的認為我們晚上睡覺，隔天就一定能「醒來」呢？我們每天需要呼吸的「空氣」，並非是平白的產生，要不是有森林、植物辛勤的進行光合作用，又哪來的新鮮空氣呢？我們每天三餐的來源，要不是有許多勤勞的人們努力勞作，哪來的食物呢？太多太多的人、事、物值得我們去感恩，而這一切不正是造物主所創造的嗎？

「因為需要感謝的人太多了，就感謝天吧！」

「感恩造物主的愛」此書寫主題會直接碰觸我們對於「感恩」最原始的態度，反映我們平時對於周遭人、事、物的感恩狀態。其他書寫主題，不見得需要書寫後重新閱讀、省察一次書寫內容，而此主題書寫後，我會特別建議重新閱讀書寫內容，可以從中發現許多蛛絲馬跡和潛意識隱藏的信念。

第二、怨恨造物主

有一類人，當面對要書寫「感恩造物主的愛」主題時，便會引發內在許多情緒。例如開始埋怨起造物主，覺得如果真的有萬能的造物主，那為何會使我們面對許多困難處境，甚至會怪罪造物主，為何要

讓世界上有這麼多的災難與不公平的事物。這些情緒不難理解，它是一個很自然的過程。怨恨和怪罪造物主，其實並沒有對錯，如果有這樣的情緒和發現，我反而覺得是非常棒的恩典！

每個書寫主題，都能幫助我們發現內在潛意識信念和情緒能量，有些主題，經過書寫之後，讓我們充滿正能量、感恩之心，這當然是非常棒；有些主題則是會觸碰到潛意識底層信念，可能攪動許多過往的傷痛回憶，過程當然是非常不舒服、傷心難過。有的人選擇不面對、逃避，這當然沒有問題，但我的經驗會建議早點面對，反而越早有機會扭轉與改變生命。

書寫過程中，若碰觸到內在情緒時，我會建議不要勉強自己針對主題繼續書寫，而是停下來，讓自己沈澱一下，看看剛剛內在情緒是被什麼事件或是人物所影響，可以的話，先另外針對該事件或是人物書寫。書寫過程請記得「忠於自己」，忠實的書寫出內心想說的話，不需要刻意的隱藏或是覺得不好意思，要記得書寫的內容不是為了要給誰看，最重要的是讓自己內在情緒能量能夠自由的流動。

面對這些內在不容易面對的事件、人物，我會特別建議連續書寫7天（可參閱「確定自己內在過關的書寫檢核方式」章節）。很多人常常會說「已經過了很久了！」、「早已經放下了！」、「其實也沒有那麼在意！」等等來「說服」自己事情已經過了，傷口已經好囉。有些人當下可能會崩潰大哭、歇斯底里，但是在大哭完後，就覺得「已經好很多！」，還有一種是嚴重到哀莫大於心死，完全哭不出來，認

為事情都發生了，「又能夠如何呢！」

其實真相是，過往受過的傷，傷口並不會因為時間而自動痊癒。如果放著傷口一直不去處理，只會越來越嚴重，一開始只是小傷，慢慢的傷口感染、潰瘍，甚至最後細菌擴散至全身、引發敗血症，想要處理時便為時已晚。

潛意識通常是「稍縱即逝」，有時候不經意觸碰到時，會引發許多內在情緒，這通常是最佳的「手術處理」時機點，建議一定要把握當下的機會，勇敢的面對。如果過往的經驗太痛，不想面對或無法面對時，也無需勉強自己去面對，更不需要「說服」自己「應該」要面對。一樣記得「忠於自己」，準備好時，自己會知道是面對的時候；當你還沒準備好時，就單純的接受自己此時此刻尚未準備好。

造物主對於每個人的愛，絕對不會是勉強，一定會是用最適切的方式對待每一個人，以無條件的愛，去愛著每一個人，因此無需去批評與評論自己，沒有對錯、是非，忠於自己、接受自己就好。

感恩書寫紀錄分享

感恩書寫主題：感恩造物主的愛	
感恩書寫內容	潛意識信念或雜訊

沒想過造物主/creator，因為從小是佛教，道 why一直實踐基督教，前2年認識"希塔療癒"才發現完全 想起以前照顧 突破視野，打破框架....原來無條件的愛 的病人～ 像呼吸一樣簡單可得、也原來不用工苦自己也可 打破框架 以得到想要的一切，感謝打造物主讓我在成 以前怎麼都 為護理師的路上順利打比很多病人的針， 沒發現 還有撫平那些身心靈不完整的病人得到身心 又在回憶了.. 的再釋放！還有因為無條件的愛成為療癒 好感恩一切 師之後有很多次擦到疾病突然發生的事件 發光啦 都迎刃而解，不但幫助自己也幫助別人的生命. 原來我前進了好大 打開了好多視野，我收到的愛和用造物主傳 一步 送出去的都是好純粹的，後來又開課培育療 原來成長那麼 癒師，教那療級的學生也輕鬆學會跟動物、植 默默大 物溝通，也完全做自己，不用在意他人眼光的眼下現 Sofina 重色伏，好愛造物主呀！總是給我們最高最好的 2021.7 summer 一切，我都會在發主裡裡。難題時問問自己，保發現造 物主/宇宙給的礼物喔！又讓我重新看見真相、認識愛

很有趣的生命經驗與歷程！無論是何種宗教，只要我們尋找、只要我們渴望，宇宙愛的能量就永遠與我們同在，從來不曾離去，而是用各種形式陪伴著我們、提醒著我們，祂一直都在！

在書寫此主題過程當中，有一個現象，大家可以特別注意。在書寫過程中，若有特別想起某人，不管是現世或是已經離開世上的親人、朋友等，都可以用你自己宗教的方式，幫對方祈福、祈禱。

此外在書寫過程當中，可以看到右邊有書寫「又在回憶了，多感恩！」其實不必因為是「感恩書寫」，在書寫過程中就一直提醒自己「感恩」，想到什麼寫什麼就好。有時「回憶」正是因為書寫激發潛意識，而流露出的一些內在訊息，順其自然、不預設立場，將這些書寫過程中冒出的念頭、訊息都記錄下來，有時候反而比起書寫感恩，更有幫助和意義喔！

感恩書寫心靈訊息

1. 感受、體驗、認識生命的本質：愛的能量與感覺
2. 化解權威、父權情結
3. 找回渴望愛的動力
4. 強化感恩之心

第 17 天
感恩父親

感恩書寫練習步驟

1. 設定 7 分鐘：書寫「感恩父親」，關鍵重心放在於「感恩」。
2. 7 分鐘時間到，若覺得還沒有寫完，則可以繼續書寫到覺得完成為止。

感恩書寫主題：	／　／
感恩書寫內容	潛意識信念或雜訊

感恩書寫主題意涵

內文特別建議：先針對「感恩父親」書寫主題完成 7 分鐘豐盛心靈寫作後，再回過頭來閱讀此文。

「感恩父親」這個書寫主題對於大部分的人，都不算是困難下筆書寫的主題，甚至可能從小到大，學校作文課或是父親節時，都有機會書寫到這個主題。每次豐盛心靈寫作的練習中，都可以看到很多學員在書寫這個主題的過程中，加深對於父親的感恩之情，真的很開心也很感動。不過我也觀察到一個現象，是大家比較容易忽略的環節。

舉個例子，許多人在書寫「感恩父親」的主題時，都會寫到類似「父親的嚴厲管教，造就我今天的成就。雖然以前小時候不懂，現在很感謝父親的教育。」或是「雖然父親話語不多，但我始終知道父親是愛我的！」這一類的話語，乍看之下，大多數人都會覺得「小孩長大了，懂事了！」現在終於懂得感恩，知道過往父親對於自己的愛與付出。

但事實上，這只是「現在長大的你」擁有的認知。對於「現在的自己」、「長大的自己」可能已經不再在意，甚至懂得轉換過往的經歷，從中學習、汲取養分，轉換為成長過程所需的營養，而成為「現在更好的自己」；但是對於「過往小時候的你」，並沒有真正的「懂事」，或者應該說對於「過往小時候的你」來說，傷害、悲痛的情緒能量依舊存在，仍停留在過去的空間、時間與情境當中，並未完全的

釋懷。

　　書寫過程中，我覺得有個重要的原則是：「在意就是在意！」當書寫過程中觸碰到一些過往事件時，可能會引發一些內在的情緒波動，最常聽見許多人會說：「都過去囉！」、「現在沒有這麼在意了！」、「現在沒有這麼難過了！」、「還好啦！」諸如此類的話，在我看來，其實是對於「自己」非常殘忍、沒有愛的行為。

　　這樣做，等同於「現在的你」在打壓「過去的你」，如同小時候，小孩子不懂事吵鬧時，就會直接被要求閉嘴、不能吵，甚至不問緣由，就直接處罰。我相信沒有任何人願意受到這樣的對待，但是偏偏長大後，這樣的模式便深植潛意識信念當中，我們也常常是用這樣打壓、壓抑的方式，對待我們的「內在小孩」、「過往的自己」。何不嘗試換一種更有愛的方式，來對待自己呢？

　　小麗聽完我的說明後，突然間恍然大悟，她現在其實就是重蹈覆轍，用過往父母教養她的方式，在對待現在的小孩，常常會覺得小孩應該要「做對」，不能有錯。而她對待自己的方式也是如此，每次工作上或是生活中，有任何需要嘗試、突破的環節或任務，她總是思考再三，深怕做錯，因此常錯失機會，拱手讓人。同時她也帶著「要做對」的眼光去檢視身邊、周遭的每一個人，不僅自己過得很累，別人和她相處時也是壓力倍增。

　　透過書寫，她重新去檢視書寫內容中的訊息、重新去認識自己「過往在意的點」。她發現，面對父親要求她寫字要工整，一旦寫得不好

或寫錯，總是被罵、被打，「過往的小孩」心中其實渴望的是父親多點溫柔、關心、鼓勵的話語；面對父親每次問她課業、成績有沒有問題時，「過往的小孩」心中渴望的，是父親多一些問候她在學校和同學的互動，關心她是否有被欺負。她不再會只是以「現在長大、社會化的自己」去告訴「過往小孩的自己」：「感謝爸爸以前小時候的嚴厲管教，如今才能寫得一手工整的字跡。」或是「感謝爸爸以前對於課業的要求，我才能在名校畢業，現在擁有好的工作。」

「在意就是在意！」不要去打壓過往自己內在的小孩，試著讓過往「在意」的情緒自由流動、自由的書寫在紙張上，以你自己喜歡被對待的方式，對待你的內在小孩，聽他、陪他說說話、或是好好的安慰他，甚至透過先前提到的想像／冥想的方式，想像自己穿越時光，回到過去小時候的時空，給自己一個緊緊的擁抱、拭去他眼中的淚水、委屈，或者只是靜靜的陪伴他，抑或是陪伴孤單的自己玩耍、遊戲。

同時，可以嘗試看看當你用愛對待內在小孩、關心他、呵護他之後，內在小孩心境的改變，看看他的表情是否有所改變：是否變得更開心、更有笑容！最重要的關鍵是「以你自己喜歡被對待的方式，對待你的內在小孩（或過去的自己）」，這就是愛自己最佳的體現！

此外還一種比較特殊的情況，過往可能對於「父親」這個角色，有許多的怨恨、不滿、不諒解等等，當看到「感恩父親」的主題時，整個人的內在情緒就會瞬間被點燃：「有什麼好感恩的？難道過往傷害我們的還不夠嗎？」諸如此類的心情，我會建議有兩種做法：

第一、先放著（放下）這個主題，不要急著書寫。一樣如同前述「在意就是在意！」當你還很在意時，不要勉強自己一定要書寫這個主題，先「有愛」的對待自己吧！有些人可能會說：「面對問題，才能解決問題，逃避不是最好的方式。」這句話沒有錯、但也沒有對。我會強調先放著，其實是「有愛的對待自己」的一種方式，和逃避不同，它的關鍵在於：「誠實的面對我自己」。我知道我現在還是很在意，沒有辦法面對，因此先選擇放著；而不是只是一味的逃避、不去看待自己有這個問題、甚至否定有這個問題。

第二、嘗試將想對父親說的話（單純書寫負面和情緒性的話語），通通都書寫下來。特別要注意，這個過程中，請務必保持連續七天的書寫，不用特別設定時間，單純的書寫，不管寫多寫少，即便只是寫一兩句，也要保持七天的書寫。此外書寫的過程中，請注意只要單純書寫負面和情緒性的話語。

看到這邊，有人會想說：「這樣好嗎？書寫可以寫負面的嗎？這樣會不會不好？」不要擔心，書寫的目的在於讓情緒能量自由流動，並非在爭論對與錯，只要單純的將心中想說的話書寫出來即可。

許多人常常寫到一半，會因為「愧疚」、「道德觀」等等原因，書寫內容就變成「其實我也知道父親是對我好」、「父親其實也不是這麼糟糕」等這一類的話語。這麼寫的原因並非是真的出自於「感恩」，而只是覺得，「我怎麼一直書寫負面的話語，這樣我不是變成比父親更糟的人？！」如果這樣，那還不如不要寫，因為寫了也只是

自我欺騙。

因此我會建議，不如好好完整的書寫七天，一樣秉持「在意就是在意！」的原則，將所有想說的話語書寫下來。經過這歷程，反而會有不同的體悟和收穫喔。

感恩書寫紀錄分享

感恩書寫主題：感恩父親	
感恩書寫內容	潛意識信念或雜訊
爸爸是我心中的英雄，是很厲害的人。我很愛他，雖然不常說愛，但有跟老爸說「我愛爸爸」。☺ 謝謝爸爸把我們一家大口照顧的無金錢上的煩惱。從小讓我吃好用好，長大了才知道，原來賺錢，賺到很多錢是不容易的。 謝謝爸爸從來沒忘記重要時刻，像是畢業，像是重要考試、面試、新工作，爸爸的工作再忙碌，都一定會記得，甚至會擠出工作空檔參加。我很感謝爸爸的陪伴，還有把我放在心上的重視，視如珍寶，大概就是如此吧！！ 這幾年爸爸退休，終於不用再為工作到處奔波，也離開那些艱困的生活、工作環境，看到爸爸把自己的健康、體態照顧的很好，真是身為女兒的幸福。畢竟維持3、40年的身材不變，是需要很大和長久的紀律。 前段日子，在疫情警戒前，和爸一起去聽演講，再一起慢慢散步回家，勾著老爸的手，他陪著化療後走路緩緩的我，那一刻真是無比幸福，謝謝老爸一直以自己做為我榜樣，無論是在抗癌、運動、語言，或是學習等，能有這樣的老爸，我非常幸福。謝謝老爸，我愛您♡♡♡ 女兒 謝旭如 2021.07.15	貓叫了。分心了 時間到了。貓又叫了 貓又叫了 擦眼淚，鬧鐘響，貓跳上桌子。

充滿感恩與父愛的書寫內容！在書寫過程中，可以看到女兒對於父親的崇敬和愛，也可以看到父親對於女兒愛的付出，是非常棒的一種愛的能量交流。

在書寫過程中，特別是有針對特定對象時，書寫時的情感、感恩和愛的能量，其實在無形中是會互相交流的喔！（就像很多人都有聽過心電感應的概念）

在此書寫範例中，可以看到書寫至 1/3 時，7 分鐘時間就到了！這時候如果內心還有話語和情緒尚未表達完畢，則可以繼續書寫到覺得完成為止。而右邊有提到擦眼淚，剛好對應到左邊事件，蠻建議可以額外書寫，將未完成、流瀉的情緒、情感充分表達。

最後還是提醒大家，書寫時儘量不要讓外在事物影響你（尤其是寵物），免得有些情緒硬生生的被中斷。要知道潛意識通常一瞬而過，當下情緒一旦被打斷，有時候就能難再找回來，甚至又要過好幾個月、好幾年，才能再觸發同樣的感觸和情緒。

感恩書寫心靈訊息

透過此書寫主題，將帶給你的學習：

1. 感受與體會被愛的能量
2. 化解親子關係的阻礙
3. 化解長輩、上下屬關係
4. 化解權威情結

第 18 天
感恩母親

感恩書寫練習步驟

1. 設定 7 分鐘：書寫「感恩母親」，關鍵重心放在於「感恩」。
2. 7 分鐘時間到，若覺得還沒有寫完，則可以繼續書寫到覺得完成為止。

感恩書寫主題：	／ ／
感恩書寫內容	潛意識信念或雜訊

感恩書寫主題意涵

特別建議：先針對「感恩母親」書寫主題完成 7 分鐘豐盛心靈寫作後，再回過頭來閱讀此文。

「男主外、女主內」這個概念，對於現今來說已不合時宜，應平等、尊重看待家庭分工，這點我相信是當前普世價值。不過在此我想要引用「男主外、女主內」的說法，母親是我們生命發展的第一份關係，在多數情況下，和父親之間相處的關係，通常會反映在我們的「對外關係」，例如社會關係、主管部屬關係等；而和母親之間相處的關係，則通常反映在我們的「對內關係」，例如家庭關係、親密關係（愛情）等層面。

母親是我們生命發展的第一份關係，也是我們開始發展「愛」的概念與關係的起源。現在醫學實驗報告，說明胎齡在 4 或 5 個月以上的正常胎兒，便具備一些感知能力，特別是聽覺、視覺與觸覺等已經初步形成。事實上，當母體受孕的瞬間，胎兒便已經受到母親的生命之氣影響，與母親血脈相通。這也是許多人會強調胎教重要性的原因之一，透過正確的胎教方法，可以促進胎兒各種潛力的發展。

通常懷孕 14 周後，胎兒會產生快樂、不快樂、不安、生氣等「感覺」，大約至 30 周時就逐漸有「心理」的雛形。這時候當母親高興時，胎兒的動作會變得有節奏、有韻律且自由自在。懷孕 8 個月後，胎兒能充分的了解母親的喜悅或情感，因此懷孕階段的媽媽，應該多投注

關愛、慈愛的心情、情緒能量給胎兒，有助於胎兒「心理」的發育與形成。

國外優生科學家發現，懷孕階段母親的情緒、態度，皆會影響胎兒的發育。相關科學研究指出，胎兒在子宮裡不僅有感覺，並且對母親情緒的細微變化都會有極度敏感反應，而逐漸形成個人的性格、氣質特點，包括對愛、恨、憂傷、恐懼等情感的感知能力。此外美國埃默里大學的迪亞茲（Brian Dias）與萊斯勒（Kerry Ressler）發表了一項令人驚訝的研究成果，指出在孩子出生前，父母生活中遭遇的恐怖經歷或恐懼經驗，影響著後代神經系統中的結構和功能，可能將恐懼、焦慮等生活經驗的感知傳遞（遺傳）給小孩。所以當我們還是胎兒，在發育過程中很容易就被種下一些潛意識信念，只是我們無從覺察。

阿華便是一個很顯著的例子，一直以來他都很容易處於高壓、精神緊繃的狀態，也因為心理影響生理，導致他全身肌肉痠痛、四肢僵硬，很難放鬆。後來在幾次書寫的過程中，才發現原來在家中身為長子的他，責任心很重，小時家境不好，而且是單親家庭，常看到媽媽辛勞的工作，他便覺得自己有義務要「扛起」家計，不要讓媽媽這麼勞累。

乍聽之下，阿華是因為從小生活環境而造成他很自然的要去承擔起父親的責任與母親的傷痛，但隨著阿華持續針對「感恩母親」的主題書寫後，改善許多他與母親間的關係，才發現許多原因都跟母親懷

孕時的遭遇有關。

事實上阿華和母親並沒有太大的爭執或是相處不融洽，但他們的關係總是好像隔了一層薄紗，不很親密。平常雖然在外地工作，他三不五時都會打電話回家關心母親，不過通常談話內容都只是簡單的問候：「家裡有沒有事啊？過得好不好啊？」之類，沒有辦法真的「談心」。

隨著阿華針對母親議題的持續書寫後，慢慢的那道隔閡自然褪去，阿華開始可以很自然的和母親擁抱，彼此聊許多心裡想說的話。過往父親的話題在母子之間形成一種默契，不會特別去提，深怕觸碰到母親過往內在的傷痛，而現在母親反而會主動提起父親、或阿華小時候的事情，也因為如此，他才了解，當初父親在得知母親懷孕時，曾希望母親可以拿掉小孩，母親則堅持要生下阿華，這也造就離婚的結果。母親在懷孕的過程中，因為擔心娘家擔心，所以都自己撐下來、所有苦痛自己承擔，而在胎中的阿華，成為當時母親唯一能夠說話的對象。

為了保護胎兒，母親面對各種困難，變得更為堅強。就像我們常聽到的一句話：「為母則強」，因此造就阿華的勇敢、堅強、負責任、勇於承擔的個性；另一方面，母親因為有苦說不出、沒有良好的訴苦對象和適當情緒能量宣洩的管道，只能將所有的苦向胎中嬰兒訴說，造成阿華許多時候不太懂得與人互動。旁人看到阿華，總會覺得他太辛苦，為他不捨，卻又不知如何和阿華互動，總感覺他心事重重，不

容易打開心房。

　　許多過往發生的事情，看似我們還小、或是還在母胎當中，在有意識層面沒有記憶或不知道事情發生的始末；但對於潛意識而言，所有事件發生的過程，都會如實的記錄在大腦當中，不會抹去，只是我們無法憶起。曾經就有人透過催眠，「看見」他從母胎中誕生的那一刻以及在醫院的場景，後來和母親逐一核對，竟然完全一模一樣！

　　同樣的，透過書寫，能夠激發我們的前額葉運作，進入希塔腦波的狀態，使得大腦負責掌管潛意識信念、記憶的區塊活躍，而憶起過往許多事情。有些人在書寫過程中，都會有一種「靈光乍現」的經驗，有時候明明在寫某個主題，腦海中卻突然跳出一個人、一件事，和書寫主題完全無關。很多人都會以為是「巧合」或只是自己「亂想」，其實並非如此。會有這樣的現象，其實正是內在聲音、潛意識和我們自己在「進行對話」，往往這些看似無關的人、事、物，反而才是真正的關鍵因素。

　　透過書寫「感恩母親」的過程，特別會幫助我們憶起許多童年的記憶與經驗，同時也可以藉由這個機會，了解過往，釐清當我們還是孩提、開始發展「愛」的概念與關係起源時，是否有哪些父母、長輩的觀念或是潛意識信念影響著我們。

感恩書寫紀錄分享

感恩書寫主題：感恩母親	
感恩書寫內容	潛意識信念或雜訊

謝謝媽媽，因為妳，帶給我好多好多珍
貴的特質。在最近人與人的互動中，我發現
自己有很大的包容力和韌性，我覺得這都是
妳帶來給我的。然而媽媽一直以來要我
對我很包容，雖然我常常惹妳煩惱、生氣，
但是妳一直都愛我，給我很強大的後盾和
支持。謝謝媽媽對我無條件的愛。最近
跟很多人的相處上，不難發現原來我也有
著這一份的韌性，總是希望別人能更好，
總是想把別人放在自己之前的特質。
過往有時我覺得可能不好，但隨著與
不同人們相處的經驗越多，覺得
能為人付出，能夠見著別人的優勢好
的一面，真的是一件很棒的特質。
感謝媽媽帶給我一切，感謝媽媽愛
我如自己。謝謝媽媽給我面對一切
挫折都能夠承面對的勇氣。

此書寫內容可以深刻的看出母親對於小孩的愛，並且深深的影響小孩的觀念、性格、行為。

　　這也是一篇很特別的書寫範例，從書寫內容可以看到幾乎沒有右邊的潛意識訊息和雜訊，主要是因為其對於「母親」的議題已經面對、處理過許多次，中間也持續書寫「感恩母親」主題許久，從一開始面對母親會有埋怨、無法親密溝通，一直到現在感恩、珍惜，是因為內心對愛的渴望和面對自我的高度意願。這是令我非常佩服的！

　　生命沒有跨不過的檻、放不下的心結，只要願意開始，生命便會有改變、創造豐盛！

感恩書寫心靈訊息

　　透過此書寫主題，將帶給你的學習：

1. 感受與體會被愛的能量
2. 化解親子關係的阻礙
3. 化解家庭關係
4. 增進親密關係

第 19 天
感恩親密關係

感恩書寫練習步驟

1. 先設定好要書寫感恩的親密關係。（一次針對一個人就好）

2. 設定 7 分鐘：書寫「感恩親密關係」，關鍵重心放在於「感恩對方」，
   盡可能的去憶起美好、令你感動的事件。

3. 7 分鐘時間到，若覺得還未寫完，則可繼續書寫到覺得完成為止。

4. 此主題可嘗試持續書寫七天，會有更棒的效果喔！

感恩書寫主題：	/ /
感恩書寫內容	潛意識信念或雜訊

感恩書寫主題意涵

談到「親密關係」，大多數人第一時間就會想到枕邊人或是男、女朋友之間的親密關係。事實上「親密關係」並不侷限在此範圍，舉凡周遭的好友、親人都可以算是一份親密關係，只不過我們通常習慣將朋友間的親密關係稱作「友情」，親人間的親密關係則稱為「親情」。其實每一段人與人的關係都可以發展為「親密關係」，甚至「自己」與「內在的自己」也可以發展為一段親密關係，可以稱作「愛情」：一份「愛」的情感流動。

親密關係就字面上的意義來說，當然就是跟我們最親密、關係最好的夥伴、伴侶。但是往往在豐盛心靈寫作課程中，最常見的「問題」，就是跟家人（父母、配偶、子女）最難溝通，其中最難溝通排名，又以父母為第一。

為什麼家人是最難以溝通的呢？主要是因為我們都將彼此之間的付出、關心視為「理所當然」。因為是父母，理所當然就應該為我們付出；因為是配偶，理所當然就應該能夠體諒、了解我們的需求；因為是子女，理所當然就應該接受我們的教養。

對於身邊朝夕相處的人，我們越容易有不合理的要求以及不當的期待，總認為對方「如果愛」我們，就應該付出、體諒、了解我們。但是換個角度思考，難道我們「不愛」對方嗎？還是我們只想「等著被愛」？「如果我愛」對方，那為何不能是我先付出愛、多體諒對方

或多了解、體會對方的需求、心情呢？

先愛的人先贏！

宇宙的真相是，「先愛的人先贏！」宇宙的本質、本源就是愛的能量，當有人願意先去愛時，宇宙就會先回應願意去愛、心中有愛的人。我一直記得一句話，「能付出的人是有福的。」能付出代表著心中是豐盛、不匱乏的，當一個人願意去愛時，自然就會吸引別人來愛他，不需要「被動的」等待別人來愛自己。所以我一直覺得先去愛、先付出，是一個很好的「投資」，怎麼想都划算！

毛董結婚十多年，從不被看好的小伙子自己創業，老婆一路上跟著他辛苦打拚，從來沒有任何怨言。直到現在他已經是跨國企業的大老闆，倆口子也算是苦盡甘來。毛董夫妻要說感情有問題、不和睦，也不至於，畢竟是胼手胝足一起走過來，有一定的感情基礎，不過就是毛夫人愛「碎碎念」，倆人很容易就吵起來，雖然都是小打小鬧，但在毛董心中，總是覺得不圓滿。

毛董找我最重要的目的，是希望看看有沒有什麼方法可以「改變毛夫人」愛碎碎念的問題。毛董知道其實毛夫人也是出於愛，例如他開車出門，就會一直叮嚀他要注意行人、左右轉要打方向燈、注意限速不要超速、晚上有應酬不要喝酒開車，數十年如一日，每次出門都要叮嚀一次，早就已經深植腦海，甚至潛意識都已經「被改寫」。

有時候他趕著出門時，就會很沒耐心的回嘴：「知道了，別囉

唉！」一回完嘴，自己也感到後悔，覺得不應該，畢竟老婆是出於好意，卻弄得老婆生氣、難過。這樣的戲碼，早就不知上演過幾百回。

相信類似的戲碼，都曾在我們的親密關係間輪流上演。像毛董會想要尋找「改變毛夫人」的狀況，這樣還算好的。有些家庭已經演化到更嚴重的情況，例如子女覺得父母每次說的「溝通」，都是說假的，最後還不是要聽父母的建議才行，甚至直接烙印上「父母不會改變」的潛意識信念；同樣的，許多父母覺得小孩怎麼教、怎麼做都「不會聽」，甚至最後覺得對方「就是這樣的人，不會改變！」，乾脆放棄。如此一來，就將親密關係推至不可復返的狀態。

其實面對親密關係，我們很難跳出關係當中，客觀的去看待事情，即便有，通常都是心情好、狀態佳時，偶一演出的佳作而已，無法持之以恆保持「愛情」常溫，不是過熱就是過冷。更多時候，我們都是將「解決之道」的關鍵鑰匙放在對方身上，期望對方有所改變，這樣簡直是「不可能的任務」。解決的鑰匙明明掌握在自己手上，為何一定要要求對方先改變呢？

「先愛的人先贏！」就決定先愛吧！決定先愛並不困難，也不必急著從生活中改變。有些人決定先愛後，馬上「展開行動」，本來不會送花給老婆，突然心血來潮去買了一束花送給老婆；本來不會打掃或協助家務，突然就拿起掃把開始打掃；本來不會噓寒問暖，現在只要對方有任何舉動，馬上注意、關心。

其實，「決定先愛」並不需要馬上做些什麼事情，一來這樣容易引起對方懷疑，你是不是在外面做了什麼對不起他的事情，才特別獻殷勤，如此不僅沒有達到效果，還可能被潑冷水；二來，通常這樣「一時興起」，都只是因為「理性層面」知道對方對自己好、自己應該也要對對方好一點，但是「感性層面」的體會、認知並沒有跟上步伐，於是很容易就因為一些小事勾起過往爭吵、在意的潛意識，而重新上演過往的戲碼。

　　「決定先愛」很好，但我會建議先不用急於改變或做些什麼，只要先透過感恩書寫的方式，幫助自己清除一些潛意識信念、刻板印象，並且讓一些感性的記憶、事件被重新憶起，更深刻的透過書寫這些感動的過往事情、經歷，便能將愛的能量與記憶深刻的寫入你的潛意識中。這樣比馬上改變或直接去做些什麼，會有更好的成效喔！

感恩書寫紀錄分享

感恩書寫主題：感恩親密關係	
感恩書寫內容	潛意識信念或雜訊

感謝主、賜給我一個百分之百的好老公、 ... 老公

個性溫和、~~性情~~正直、溫柔、付出。結婚

14年來對我的愛始終沒有改變。我這一個

對愛情很沒有自信的人、更遑論婚姻、

因為我父親外遇不斷、傷透了我大姆的心、 ... 爸爸、大姆

因此我一直無法相信愛情、相信婚姻、

更別說相信男人。但是上天就是讓我遇見了

他、即使在經歷嚴重的車禍之後、仍然對 ... 老公

我不乘不棄、當我在加護病房時、1平每個整

小時間他都會出現、在病床回集身的志滿

閣愛的方式禱告。感謝主、他是一個愛家、

愛妻、愛孩子的好男人、他愛上帝、這是最主要

的、雖然耿直、不會賺錢、但至少他認真工

作、守護我們的家庭。每次躺在他懷裡、

都覺得好有安全感、好溫馨的一份愛、他的

缺點當然仍我最地心底也憂、但現在回顧起

來、一切都不重要了、因為他的愛給我極大的

穩定、幸福、安慰。並真的懂得的約瑪給他、

是生命中極美的祝福、感謝！耶穌感謝上帝、

萬物都仰順服、順服就蒙福！

這是一段非常幸福的親密關係，同時也透過感恩書寫的歷程，加深愛的能量與記憶，刻畫進潛意識信念當中。這是一個感恩書寫很棒的範例：當一個人越能感恩時，則越能珍惜自己生活中所擁有的一切；對賜予我們生命的人（父母、造物主）心存感激，更能夠聚焦在生活中美好的人事物！

　　同時，我們也可以在書寫內容中看到親密關係／父親／母親對我們潛意識信念的影響。當我們願意開始書寫，就有機會越來越認識自己內在的運作，也越有機會打破許多的限制性信念、框架，創造美好、豐盛的人生！

感恩書寫心靈訊息

　　透過此書寫主題，將帶給你的學習：

1. 憶起親密關係美好、感動的事件
2. 回到起初之初、愛的能量相遇時刻
3. 感受愛與被愛
4. 修復親密關係

第 20 天
感恩愛情

感恩書寫練習步驟

1. 先設定好要書寫感恩愛情的對象。（一次針對一個人就好）

2. 設定 7 分鐘，書寫「感恩愛情」。

3. 7 分鐘時間到，若覺得還未寫完，則可繼續書寫到覺得完成為止。

4. 面對情傷時，此主題可以嘗試連續書寫七天，會有更棒的效果喔！

感恩書寫主題：	／　／
感恩書寫內容	潛意識信念或雜訊

感恩書寫主題意涵

從小到大，我們從親情、友情、愛情以及各式情感中摸索、尋找愛的能量。相較於親情、友情，大多數人都是較晚才發展到愛情關係。話雖如此，愛情卻是大多數人最刻骨銘心的一段回憶，特別是初戀。

「你自己重新看一次書寫的內容，有怎麼樣的感覺呢？」我問阿貞。

「老師，我覺得書寫真的太神奇了！經過這一段時間的書寫，我現在才有辦法如此平靜，客觀去看待過往這一段感情，才能真的做到感恩！」阿貞回覆。

聽完阿貞的回覆後，我並沒有像平常看完她的書寫後，跟她說：「書寫得不錯，很替你開心！」反而是在思索著如何告訴她真相。如果光看阿貞的書寫內容，其實並沒有「錯」，內容很客觀、平靜的分析交往過程中彼此雙方的問題，也知道、了解對方當時的處境、心境，對於曾經受傷的部分也能夠釋懷。一切看似已放下，往好的方向進展。既然如此，我在擔心什麼呢？我擔心的正是因為內容「過於客觀、平靜」。

「你在書寫內容中，是否有看出任何的情緒和情感呢？」我又再次問阿貞。

「所以我剛剛寫的都沒有情緒嗎？」

「這個問題的答案，你要問你自己。」

「老師，我覺得我在書寫過程當中，是有情緒和情感的！」

「那很好啊！那你應該還記得剛剛書寫過程中，冒出來的情緒和情感，對吧？」

「是的！」

「那你再重新看一次剛剛書寫的內容，是否可以找到你感受到的情緒、情感？」

經過沉澱後，阿貞回我：「書寫過程中，我有感受到受傷、傷心，甚至更細的情緒是恐懼面對這個主題，不想再去回顧一次，但不知道為何，寫出來的內容變得非常理性，只是邏輯的敘述！」

這現象是典型在書寫過程中大家很容易遇到的情況，尤其是在書寫一段時間之後，因為書寫有些心得和收穫後，會覺得自己已經「好一大半」，因此書寫各個主題都比較能夠「勇於面對」，甚至是「客觀面對」、「放下過去」。這個階段，我們反而很容易陷入「自我感覺良好」或「自我欺騙」的陷阱。當然絕大多數的人並非是「有意」的「自我感覺良好」，只是因為書寫有了心得及信心後，自然的覺得自己有能力、有勇氣可以面對過去的某些議題，尤其書寫一段時間後，容易進入一種「慣性」的階段，看到書寫主題後，便又進入理性思考、邏輯分析的狀態，而忽略掉去感受內在聲音和情緒反應。

書寫內容永遠不是最重要的環節，重要的是練習去感受書寫過程中，有哪些情緒、情感被挑動，有怎樣的內在聲音冒出來。因此我常說，關鍵不是看左邊書寫內容寫了什麼，而是去觀察右邊潛意識信念或雜訊記錄了什麼，才是真正的關鍵！而阿貞剛剛給我看的書寫內容，就是呈現非常的「完美」，只有左邊的書寫內容，右邊的潛意識信念和雜訊完全是空白。通常會有這種現象，有兩種情況：

第一、書寫同一個主題多次，且真正的過關

　　面對同一個主題書寫越多次，越能夠找出許多內在聲音和卡住的地方，甚至你會發現，越誠實面對自己時，右邊的書寫內容會越來越多，而不是減少。如果進入這狀況非常好，代表內在情緒能量清理的越來越乾淨，過程中不要因為右邊書寫內容越來越多，覺得「需要面對的問題」太多，而中途放棄書寫。堅持、持續書寫，撐過之後，對於該主題卡住的部分，自然而然就會化解！

第二、進入理性邏輯思考

　　當面對主題時是運用理性邏輯思考書寫者，很自然的在書寫過程中，會完全沒有右邊，因為大腦都處於 β 波（顯意識 14-30HZ）、α 波（橋樑意識 8-14HZ），在這種狀態下，很難讓 θ 波（潛意識 4-8Hz）有運作的空間，自然在書寫過程中，就會完全沒有右邊潛意識信念和雜訊的紀錄。

這也是為何我會問阿貞：「在書寫內容中，是否有看出任何的情緒和情感呢？」，同樣都是書寫流暢，只有左邊書寫內容，沒有右邊潛意識訊息，差別的關鍵就在於「情緒」、「情感」。

面對一段過往的感情，許多人常會說「都過去了」，卻持續的麻痺自我，用工作、酒精，甚至用一段草率開始也自認為不會有結果的新戀情轉移注意力；許多人會說「已經放下了」，卻不時的充滿憤怒和怨恨，和親友大吐苦水，傾訴自己在這段感情裡的所有付出，以及對方如何；許多人會說「不在乎」，卻不斷自責、後悔、內疚，反覆的想自己究竟做錯了什麼，以及怎樣挽回；甚至有人認為自己想通了，誰都不怨，也誰都不恨，決定繼續自我的生活，但夜闌人靜時，輾轉反覆無法入睡，過去的點點滴滴，如影隨形浮現腦海，揮之不去！

其實真正的過關、療癒，是不怕面對過往情感帶給自己的傷害、心痛的情緒，不會極力、刻意去否認，反而是能夠真實的承認，並且找到這段情感要帶給我們的禮物（學習的課題），進而肯定自我價值。在書寫內容中，不會只有理性邏輯的論述，更會有情感的流動。

如果在書寫的內容中，沒有一絲情感、情緒，反而凸顯你面對過往情感，是選擇以「逃避」、「壓抑」的方式面對！許多人在談感情時，愛得死去活來，分手後卻一點傷感都沒有，其實並非是「無情」，而是傷得太重，無法面對，只好選擇將情感、情緒切斷，認為不去感覺這些情緒，會讓自己好過一點。但實際上這樣的做法，只會讓自己變得更像行屍走肉，甚至不容易再發展下一段感情，抑或是反向發展，

變成一個花心、玩弄感情的人。

當我們在面臨或回想極大的痛苦、恐懼記憶時，潛意識很容易會選擇「視而不見」，甚至有些人連有意識都會刻意的遺忘、不想記起，最後變成「真的」忘記。因此在書寫時，要特別細心觀察內在情緒反應，因為潛意識和內在情緒反應常常是一瞬而逝，一不注意，就會放過自己。就像阿貞經過回想和閱讀書寫內容後，才感受書寫過程中曾閃過害怕面對和傷心的感覺，而覺察到這些情緒才是書寫最重要的目的，並非是書寫內容本身。

最後要提醒大家，很多人都會急著要從情傷中走出，於是馬上投入一段情感，以新戀情取代情傷、心痛的情緒，其實這樣更容易造成「二次傷害」（對自己、對對方都是）。情傷的過程，往往幫助我們有機會去面對自己、認識自己，找到自己的價值。透過書寫療癒情傷是很好的方式，不僅可以達到療癒效果，還可以打造一個更好的自己，這樣一來，下一段感情也會是更好的開始喔！

感恩書寫紀錄分享

感恩書寫主題：感恩愛情	
感恩書寫內容	潛意識信念或雜訊
感恩愛情讓我一直找，一直追求，才有机会認識自己，才知道原來我還是一直停留在童年時代，我一直停留在我自己一個人一直哭一直害怕一直孤單的場景裡，我沒有真正愛過，原來我是怕孤單怕寂寞。因為因有救生圈浮著，我就緊抓著不放，我不夠了解自己，以為那就是愛情。其實只是一種害怕自己沒有人愛，所以給自己能給的一切去換不寂寞不孤單去換有人陪。因為恐怕某一日獨自的突然冒不出來。其實我一直不知道在為自己要什麼又以為我知道了，我以為在愛情裡可以得到我要的，可以得到陪伴，憐惜但卻不是這樣，一切都只是自己的想像。我以為愛一個人，心裡有人我就不寂寞了，但好像也不是，我就像小孩子只想拿著一丁玩具霸占著，好像這樣就有一種我有愛，我有重視，我有人愛，我不用孤單的感覺，但一切卻又好像不是這樣，我真的的迷惘到底什麼是愛情，到底我要什麼？	痛 突然手机叫 的蘇一跳 說要一直跳出來被小到 分心了 為底感覺都不足死好感恩愛情愛是死抱恐

「怎麼感覺都不是寫感恩愛情，都是在抱怨。」書寫過程有這樣的發現，其實是非常棒的！不會因為主題是「感恩愛情」，就刻意逼自己一定要書寫感恩。當發現自己沒有辦法書寫感恩時，不用逼自己一定要感恩，先將自己內在許多委屈、抱怨甚至是憤怒的心情書寫下來，讓內在能量適度的流動。

如同在書寫練習中提到，「感恩愛情」，必要時可針對特定過往的愛情連續書寫七天，這樣會有效的幫助內在傷害、悲痛等情緒流瀉。

此外在書寫過程中發現，原來自己只不過是因為害怕孤單，害怕被遺棄，而不是真正的「愛」！這個發現其實是需要不斷書寫、探索自己內在，才能真的發現與承認的。這也是因為書寫者本身針對這段感情，已經書寫、面對數十次，才得以發現的真相，這是上天非常特別的恩典，才有機會幫助我們認識自己，原來尋求愛情不過只是尋求一種慰藉，並非是真正的「愛」！

當然這部分因人而異，僅供參考，大家不用對號入座。有的人追求愛情，也能在愛情中體驗到真實的「愛」；有的人追求愛情，並非只是尋求慰藉、害怕孤單。其中存在各種可能性，唯有開始往內在探索、認識自己，才有機會找到你在愛情關係中的真相和答案。

感恩書寫心靈訊息

　　透過此書寫主題，將帶給你的學習：

1. 憶起親密關係美好、感動的事件
2. 回到起初之初、愛的能量相遇時刻
3. 感受愛與被愛
4. 修復過往愛情的伴侶關係

第21天
感恩一位今天在外面遇到的陌生人

感恩書寫練習步驟

1. 設定1分鐘：觀察生活周遭遇到的陌生人，並且設定好要感恩的陌生人（一次以一個人為主）。

2. 設定7分鐘：書寫「感恩陌生人」，關鍵重心放在於「感恩對方」。

3. 7分鐘時間到，若覺得尚未寫完，則可繼續書寫到覺得完成為止。

感恩書寫主題：	／　／
感恩書寫內容	潛意識信念或雜訊

感恩書寫主題意涵

有位百歲人瑞耳聰目明，老而彌堅。許多人向老太太請教長壽祕訣，老太太笑了笑回答：「我有一帖靈丹妙藥，就是每天用三分鐘時間感恩。」

她說，用一分鐘感恩父母、丈夫、兒女、鄰居和陌生人；一分鐘感恩大自然給予的種種關懷和體貼；一分鐘感恩每一個祥和、溫暖和快樂的日子。

感恩使她心裡永遠流淌著幸福的泉水，有這樣的「神水」滋養，身體自然健康，生命自然長久。

這讓我想到《聖經》中的一段話：

「應常歡樂，不斷祈禱，事事感謝！

這就是天主在基督耶穌內對你們所有的旨意。」

（得撒洛尼前書五章 16-18 節）

不斷祈禱，事事感謝！天主教和基督教的「飯前祈禱」是我很喜歡的一種「儀式感」，不僅僅只是向天主祈禱和感恩，也是提醒我們要感恩萬事萬物、以及周遭生活中的「陌生人」。

各行各業的陌生人，都在為我們提供溫暖和保護。

陌生人保護我們，例如警察維護社會秩序，讓我們有一個安全生

活的環境；消防員撲滅火災，讓我們避免財物損失；老師教育孩子，讓小孩得以學習與成長；建築工人建造房子，讓我們有居住的空間；新聞從業人員的付出，讓我們得以獲得新的資訊、消息；醫護人員的付出與犧牲，讓我們有健康的身體與環境；當我們乘坐公共汽車、火車、飛機旅行，則有賴司機、機長的專業，讓我們能夠安全、平安的到達目的地。

「感恩一位今天在外面遇到的陌生人」是一個我非常喜歡的書寫主題，它不僅僅能夠提醒我們「感恩」，在書寫過程中，也會幫助我們練習運用觀察力和覺察力、以及提升同理心。當你開始書寫「陌生人」的主題時，就會「被迫」要去注意日常生活中所遇到的陌生人，不一定需要跟對方有交談或互動，只是單純的「感恩」！

例如在上班途中看到交通警察在指揮交通，可以感恩他為社會的付出，讓我們在上班途中可以平安、順利；看到路上的行人，有一抹微笑顯露在他臉上，或許不是對著你，但一樣可以感恩他讓你看到這樣的微笑，心情變好；甚至看到路上行人不小心跌倒，可以感恩他「賣命演出」，讓你的生活多了一個好笑的元素（當然心態上不是故意要看笑話）。

當你開始去注意身邊的事物時，會發現平時只顧著自己的生活圈、汲汲營營於工作、事業，而忽略掉許多美好情境。這些美好的情境不一定是大自然的山明水秀，而是人與人彼此之間愛的能量的流動，所構成的美麗情境！

此外你也可以運用「想像」的方式，將你自己當作是對方，去體會對方的生活模式，去感受如果「你是他」，那麼此時此刻你的心情會是如何，或是遇到同樣的事情、你會怎麼處理呢？舉例來說，當你坐在咖啡店裡，你可以想像自己是櫃台的服務員，正在煮著一壺手沖咖啡，這時候你的心情會是如何呢？你會有什麼想法呢？是否心思意念在專心煮著一壺好喝的咖啡，希望咖啡送到客人手中後，對方會因為咖啡香濃、而給你一個微笑或道謝呢？或是有其他的想法？

不要小看這樣的「交流」，當我們開始嘗試著去「感恩」別人時，其實也是送祝福給對方，這就會形成一連串愛的能量的交流。越多人每天做這樣的事，整個社會、國家、地球便會越來越好，充滿愛的能量的互動。

有次我在課堂中請學員練習這個主題書寫時，小吳開玩笑的說：「老師，那如果我看出去，感覺路上每一個人都不順眼、不舒服，怎麼辦？這樣好像寫不出感恩耶！」

這個問題很好！的確我們不是時時都維持在「好的狀態」，今天心情好，跟每個人互動都很順利；今天心情不好，則看什麼人都好像很討厭。這就是練習「陌生人」書寫主題的好處之一：透過「外在環境」檢視自我「內在情境」，就是所謂的「相由心生」。雖然看似感恩陌生人，但是在書寫過程中，卡住無法動筆或是有不舒服的感覺時，可以先停下筆來，嘗試著檢視一下最近生活中是否有發生什麼事情或是有遭遇什麼樣的人，讓自己煩心。

通常是因為我們自己內在情緒能量已經卡住，因此當我們在看外在環境的人事物時，便很自然的會將內在心境投射於對方身上。這道理就像我們平常在公司受到老闆、同事的鳥氣或不平等的待遇，如果沒有用適當的方式宣洩，只是用忍耐、壓抑的方式處理，當回到家中時，就很容易因為一些小事情而看不順眼，於是將所有的怒氣發洩在家人身上。

有一位朋友跟我提過，他每次從外面回到家中時，不管今天在外面過得順利與否，他一定會先在門口停留一到兩分鐘，深呼吸靜心，同時也幫助自己覺察有哪些情緒是不必要、或是被他人所影響的，調適好自己的狀態後，才進家門。

因此我滿建議，有時或許早上趕著出門上班，沒有時間書寫，但是你可以透過一個簡單的「檢視小方法」：稍微花一分鐘時間，去觀察周遭的陌生人，然後留意覺察自己的感受與反應如何，便可以簡單、快速的知道目前內在心境如何。

若有不順心、不舒服或不好的感受時，則可以在當天另外找個 7 分鐘時間，書寫下生活中讓你感覺到不順心的人事物，如此一來可以有效、快速的調適心境，並且讓負面情緒能量有適當的宣洩空間，再將自己的狀態轉換到高檔的情緒能量！

感恩書寫紀錄分享

感恩書寫主題：感恩一位今天在外面遇到的陌生人	
感恩書寫內容	潛意識信念或雜訊

今天我要感謝在路邊收回收的阿姨，因為今天出門的時候，我把回收拿出門，一直都找不到地方放，因為平常在收回收的地方需要繞一點路，但我又不想繞太遠，心中充滿著予盾，想要家裡乾淨，又不停的買東西在家裡去堆積，小孩很容易喜新厭舊，花很多錢買的書和玩具一下就不玩了，真的是很生氣，最後還是要謝謝經過在身邊收回收的阿姨，減少我的麻煩在那時候的她，對我來說是一個菩薩，謝謝她出現在我短暫的生命中。

我在寫作的時候，小孩不停的打擾我 ><

我在寫文章，小孩一直吵說肚子餓，叫我打開瓦斯爐火煮泡麵！

236

透過感恩陌生人的書寫，能夠幫我們在每天生活中增添一絲快樂與幸福感。在書寫過程中，可以發現有一段落：「討論到小孩的部分」，其實是可以書寫在右邊，因為和陌生人的主題相關度較低。當這段文字放在右邊區塊時，便可以發現，其實內在情緒能量卡住的點在於「小孩教養」議題。

有時候，當我們在生活中莫名的感覺情緒能量很低時，更可以嘗試書寫「陌生人」的主題。當感恩對象是「對外」時，能夠幫助我們暫時「放下自己」，去觀察周遭的世界與生活。神奇的是，因為暫時放下自己，看似「對外」感恩的書寫過程中，反而更容易凸顯出「內在」情緒卡住的部分喔！

感恩書寫心靈訊息

透過此書寫主題，將帶給你的學習：

1. 覺察內在情境、情緒
2. 感受愛的能量流動
3. 加深與愛的能量連結
4. 強化感恩心

Part4

金錢能量篇

第22天
感恩已經財富自由的自己

感恩書寫練習步驟

1. 設定 1 分鐘：想像／冥想自己「已經是」財富自由的感覺、畫面，越具體越好。

2. 設定 7 分鐘：寫下感恩已經財富自由的自己的話語和情境。

3. 7 分鐘時間到，若覺得還沒有寫完，則可以繼續書寫到覺得完成為止。

感恩書寫主題：	/ /
感恩書寫內容	潛意識信念或雜訊

感恩書寫主題意涵

在金錢議題中，我最喜歡的就是「感恩已經財富自由的自己」這個書寫主題，原因是因為書寫過程會碰觸到許多潛意識信念的層面，同時也可以更釐清自己想要過怎樣的生活，並對於財富自由的定義更為明確。

當你看到這個主題時，別擔心自己還沒有「財富自由」。（如果已經是當然很棒！）「感恩已經財富自由的自己」書寫主題練習的關鍵在於「想像／冥想」，想像／冥想自己「已經是」財富自由的狀態。想像／冥想自己已經是財富自由，會是過著怎樣的生活呢？周邊會有哪些人陪伴呢？會住在怎樣的房子裡，是豪宅還是山間小屋呢？任何你想得到的生活情境，都可以描寫下來。

相信許多人都想過要賺大錢，但是有多少人真的具體想過要賺多少錢、以及賺到的錢要怎麼運用呢？同樣的，大多數的人都想要財富自由，但是否真的去思考過財富自由後的生活是如何呢？不管是吸引力法則或是心想事成，都會告訴我們宇宙是無限的豐盛，要敢於向宇宙下訂單，這點的確沒錯，但是你真的想清楚你的願望清單上要寫哪些東西了嗎？

印象中有次豐盛心靈寫作課當中，阿鳳書寫著財富自由的主題，寫著寫著，突然發現她一直想要的生活竟然跟內在聲音差距非常遙遠。她一直以為自己財富自由後，想要環遊世界，到世界各國自助旅

遊，駕車馳騁在一覽無際的鄉野小路間，體驗各國小鎮的人文風景、在地美食，並且和先生一起。當她寫到「和先生一起」時，突然心中有了疑慮，她先生會喜歡嗎？連在國內旅遊，有時候都會嫌麻煩，他會想出國、甚至是自助旅行嗎？加上先生很愛「碎念」，帶上他搞不好只會「煞風景」，想想好像還是不要跟他一起出國旅遊好囉，但是財富自由後的生活，如果沒有先生的陪伴，似乎又失去了意義……

短短 7 分鐘書寫的過程，她的內心戲已經上演了好幾齣！透過書寫，幫助她看見平日和先生相處間的矛盾與依賴。這樣的戲碼，其實不僅僅發生在阿鳳身上，許多夫妻、情侶、親子間的關係、甚至當自己一個人獨處時，也常有這種矛盾、猶豫不決的情境。那問題就來了，如果我們真的向宇宙下訂單，那宇宙究竟要回應我們什麼呢？到底要不要實現你財富自由的願望呢？實現會不會造成你的困擾呢（究竟要不要帶上老公呢）？有人可能會開玩笑：「那可不可以先實現財富自由，我再來考慮要不要帶上老公呢？」

宇宙造物主會遵從每一個人的自由意識、尊重你的選擇，這就是對於我們最大的愛！當我們自己都還沒有想清楚想要的是什麼時，宇宙也不會勉強和給予。因此我滿鼓勵大家可以每隔一陣子（例如一個月、一季、半年）就重新書寫一次「感恩已經財富自由的自己」這個主題，每一次的書寫都會幫助我們更接近內在、更清楚我們想要的到底是什麼。

有許多學員常常是透過這個主題書寫過後，突然發現財富自由對

他來說其實也不是真正想要與重要的一件事，而是更感恩、珍惜現在身邊所擁有的人、事、物；也有許多學員書寫完後發現，有些事情本來預計需三到五年才有能力去做、或是才敢去追求自己心中的夢想，書寫過後，突然發現也沒有這麼困難，何不現在就開始著手、開始行動。

此外我也常常遇到有些學員，在現實生活中已經屬於「財富自由」或至少「不愁金錢」，當他們在書寫這個主題時，我都滿好奇他們究竟「想要什麼」？後來我發現，其實他們因為已經擁有，一開始都不知道要寫什麼，但是開始動筆書寫後，反而藉此發現生命的意義與價值，找到他們可以發揮的方向，例如做公益幫助更多的人，或是釐清哪些才是真正讓自己開心的事物等等。

「感恩已經財富自由的自己」這個書寫主題，其實只是個「藥引子」，真正的作用是幫助我們更釐清自己內在真正想要的是什麼？想要追求的夢想是什麼？即便是財富自由，那也至少要知道想要多少錢、多少棟房子、車子等等，越具體的描述，也才能正確、精準的向宇宙下訂單！

同時透過「感恩已經財富自由的自己」書寫過程中，也能夠省察內在對於金錢、財富的潛意識信念。有些人光是看到題目就產生排斥、抗拒：排斥「有錢人」，覺得「有錢就好啊，幹嘛一定要到財富自由？錢那麼多要幹嘛！（這並非是真的因為知足常樂所產生的心態）」；有人則抗拒「財富自由」，覺得自己不可能做到或是根本不會發生在

自己身上，「想像／冥想還不是自我欺騙！」

　　過程中，不論是觸及哪一個信念，我都覺得是很棒的！過往或許沒有這麼清楚自己內在有這些聲音和想法，透過書寫過程，更能「意識」與「發現」這些隱藏的潛意識信念。通常改變最難的不是「問題本身」，而是「發現問題」的過程，當發現問題後，自然就容易處理和解決。最怕的是不知道自己的問題在哪裡，甚至是不覺得自己有問題。

　　「無知並不可怕，自我感覺良好的幻覺才是！」

　　有發現問題就是好事！如果在書寫此主題過程中，有發現任何的排斥、抗拒、懷疑信念時，建議不妨將這些想法、信念書寫記錄下來，不一定要急著處理，待時機成熟時或想要面對、處理時，至少有一脈絡可循。然後保持每隔一段時間，重新拿出這個主題書寫，則會有不同的體會和領悟。

感恩書寫紀錄分享 Part 1

感恩書寫主題：感恩已經財富自由的自己	
感恩書寫內容	潛意識信念或雜訊

想像著這時 我也是財富自由. 金錢對我來說. 已
經不是衡量做或不做一件事情的意義. 這時的
我已經擁有自己的房子. 可以擁有自己的書房. 有著
notebook. 有台鋼琴在書房的角落. 彈奏著蕭邦
那的夜曲. 悲愴. 這樣的音樂. 听而練習著喜
歡的取曲. 想往来各個國家之間. 去探索著歐洲川
文藝復興的起源. 蕭邦的故鄉. 西班牙的塞維亞
的sevilla的春天的氣自. 一顆熱開又期盼以文化活動
兩人的對話. 是各麼的歡愉. 然後前往法國巴黎
對我来說已是非常容易的事情. 在這時的之都. 享受著
美味的cuisine. 此時的我. 已經擺脫地域之控制. 就已
經可以自由的自在不同地方. 也可以為自己謀取收入. 不再
一定要有司才可以處理公司的問題. 這時的我.
也可以跟家人一同出遊. 一同體驗 天下地方的美食.
哇嗚. 這是一件多麼美好的事. 感謝上天讓我有机會
體驗著財富自由. 不再害怕沒有錢. 不再說 金錢才是
一切 饋感的來源. 而此刻的我. 也同時擁
有力量. 付出於社會. 為遇到的人. 給予一些指引 讓已
擁有光坏四 堅定的力量見識的 並引導他人走向他
們的正當中的路. 感謝 取. 一直以来 如此的努
力.

Li 2021.7.20.

感恩書寫紀錄分享 Part 2

感恩書寫主題：感恩已經財富自由的自己	
感恩書寫內容	潛意識信念或雜訊

感恩自己的努力以及付出，讓自己
在心靈與財務上富裕以，不必憂慮，
擁有最好的老公、小孩與好朋友，能
夠陪伴在身邊。同時老公與自己喜歡的
研究工作，讓自己有源源不絕的收入與金
錢，同時能把金錢做好規劃與安
排。沒有太貴重或浪費的開資與金錢一
樣商品都是深思熟慮後，把錢當成
最尊貴的樣子對待，以致於我不
會因為自己的貪大或以投資中，大
筆金的投資而，都輕鬆地達成我且可
同在我的眼中一刻的安排。不浪費每天
的智慧。時常我能有正確的理念，
我會提升適合的願景和諧。在我
財富自由的同時，也能幫助助身
弱勢的人。我也能每個月捐款和
能幫助一些人，讓他們能有警報
有相信有相信的信在世界足、
同時，我們在也界非革創造。我們
每天起來會看到曙朝的天空。我們
充滿希望的信著每一天。我們不需有
金錢短缺。他們的投資都回饋我們
的預待利。輕鬆開心成！

林十師
2011.11.23

246

Part 1

這是一篇充滿豐盛的書寫內容，從喜愛的音樂、鋼琴，再到文藝復興的歐洲各國，將自己嚮往的情境，描寫得十分具體！在這個書寫主題中，越能夠將財富自由後的生活情境描寫得越具體，越能夠深刻的將描寫的映像寫入腦中的潛意識，進而吸引和創造豐盛。

值得觀察的是，在書寫內容中，不下一次提到，我已經不用擔心金錢的問題、不再受到地域控制之類的話語。其實代表著內在還有對於「財富自由」存在不確定、不肯定的信念。因為對於一位「已經」財富自由的人，他的心思意念其實不會放在這些「本來就不需要擔心」的事物，他需要思考的，是金錢怎麼運用、生活怎麼活得精彩、事業如何經營（甚至完全不用思考，已經創造出被動收入）等等之類。

這並沒有對錯，當我們還未「真正」財富自由前，這是一個「必經」的過程。但是隨著對於此主題保持書寫，越來越清楚內在想要、渴望的目標後，這些對於財富、金錢不確定、沒有安全感的現象，就會自然的消逝，並且因為內在的篤定、自信增加，也更容易為自己的生命創造財富、豐盛！

Part 2

書寫內容滿具體的將自己「已經是」財富自由的狀態和生活描述出來，書寫過程能量十分流暢，相信對於該議題本來就有思考和探索，

這是非常棒的部分。

　　此外可以觀察到右邊的部分幾乎空白，通常對於書寫主題熟悉，書寫流暢，就比較容易有右邊空白的情況發生。這沒有對錯，但若能在書寫過程中，覺察內在是否有和書寫主題相關的隱藏潛意識訊息和想法冒出，將其記錄在右邊，則能幫助我們認識自己對於書寫主題是否有哪些部分需要突破與克服，如此便能加快豐盛生命的到來！

感恩書寫心靈訊息

1. 釐清自己想要的生活、夢想，甚至是生命藍圖
2. 愛上自己與肯定自我價值
3. 修復與金錢的關係
4. 創造豐盛

第23天
感恩自己可以輕鬆的
賺得金錢

感恩書寫練習步驟

1. 設定 1 分鐘：想像／冥想自己賺錢很輕鬆的感覺、畫面。

2. 設定 7 分鐘：寫下感恩自己可以輕鬆賺得金錢的話語和心境。

3. 7 分鐘時間到，若覺得還沒有寫完，則可以繼續書寫到覺得完成為止。

感恩書寫主題：	/ /
感恩書寫內容	潛意識信念或雜訊

感恩書寫主題意涵

　　小菁工作能力非常強，在公司也是人見人愛，處事圓融，深得主管和下屬喜愛與信任。但或許是因為能力太強，工作總是有忙不完的事情，一刻不得清閒。透過書寫「感恩自己可以輕鬆的賺得金錢」的過程發現，受到許多源自於父母、長輩潛意識底層信念的影響。

　　小菁從來不覺得「賺錢是件輕鬆的事情」！因為從小父母就是辛勞的工作，一點一滴賺取金錢，每次到了新學期要繳交學費時，都得東拼西湊、額外兼差，才能勉強湊出子女的學雜費；而且父母也一直耳提面命，教導她工作一定要認真、負責，這樣老闆才會器重，不然就很容易失去工作。因此從出社會開始，面對每一份工作她都兢兢業業、善盡職責，一次又一次完成老闆、主管交代的任務。

　　原本她從來也沒覺得這樣有什麼不對或不好，只是最近越來越覺得不勝負荷。例如老闆覺得她能力很好，請她兼任兩個部門主管，同時還要背負業績壓力，加上另一個部門主管因個性問題，老闆比較不能要求，轉而請她協助溝通和「盯」一下業績。問題是她和另一位主管職務階級同等，並非上下屬關係，怎麼「盯」對方業績？其次如果她還要負責「盯」對方業績，無形中也等於她扛下部分的業績壓力。薪水沒有加薪，業績獎金也不是算她的，那究竟忙碌為了什麼？就只是因為「負責」嗎？

　　的確，工作負責、善盡本分，本來就是應該的事情，但有時你要

懂得「健康的負責」！。

「健康的負責」，並非推諉責任或是只能準時上下班，延後一分鐘下班就不行，或是非必要絕不做不屬於份內的事情。健康的負責是指屬於自己責任範圍之事，負起全責，但非屬於自己責任範圍之事，則適度的讓對方、當事人承擔。許多人過度具有責任心、高度自我要求，常常不經意的把責任往身上扛，許多非自己工作範圍內或是能力所及之事物，都一肩承攬；日子久了，間接養成他人都自然而然、甚至理所當然的將責任、壓力往自己身上倒。小菁便是如此，總覺得如果別人要求幫忙，自己沒有幫忙，好像就不會被喜歡，長期積累下來，已經扛下許多不屬於自己的責任。

小蕙則是另一個覺得「不容易、不可能輕鬆賺錢」的典型例子，她從事藝術教育工作，平時以教授繪畫為主，閒暇之餘會將自己的作品放在網路社群上，經營自己的粉絲頻道。因為從小到大的「刻板印象」，大家都認為作藝術賺不到錢，只能混口飯吃，當我和她聊到「感恩自己可以輕鬆的賺得金錢」這個話題時，她第一時間的反應，就是「不可能」。

教授繪畫，招生本來就不容易；即便招生順利，但是每班結束後，下一班的招生又是問題；就算也很順利，但上課有區域限制，總有一天會面臨瓶頸，怎麼可能賺錢輕鬆呢？但事實真是如此嗎？其實還是有許多可能性，例如網路遠距視訊教學就可以打破區域限制和招生問題，或是作品集結出版，則有機會拓展更多可見度和可能性。通常覺

得「無法輕鬆賺錢」或「賺錢很困難」，都是因為我們的固有信念限制住了自己。

像我自己過往也覺得自己沒有「投資理財」的命，為何呢？因為從小到大聽過許多投資股票、期貨等賠錢、跑路的事情，也常聽人說，「天下沒有這麼好的事，那都是騙人的。這麼好賺，為何不自己賺？」我並非要鼓吹大家去做投資，舉這個例子只是要說明，許多潛意識信念都是默默的、日積月累的「侵入」我們心中，而我們並未察覺。

如同小菁從小就覺得要努力工作、負責任，才能被重用、喜歡，也才能賺到錢；小蕙則覺得從事藝術教育、藝術創作，賺不到錢，只能混口飯吃；而我則覺得投資肯定失敗，不可能賺到錢，我沒有那種命！這些都是我們被信念綁架、限制住的例子。

透過「感恩自己可以輕鬆的賺得金錢」的書寫主題，可以有效的打破潛意識信念框架。事實上，小菁透過書寫一段時間後，懂得愛自己以及適當的拒絕，將該屬於別人承擔的責任、壓力，交還給對方，但仍舊熱愛工作、全力以赴，反而一樣受到老闆重用，還升職加薪；而小蕙則在書寫後，越來越開心於自己現在的工作、創作，還獲得出版社青睞邀約出書；而我也打破既有信念和框架，跨出投資的一小步，並且有獲利成果。

特別注意：在書寫過程不要專注於「賺錢的方式」，有些人在書寫這個主題時，是在「思考」怎樣可以更輕鬆的賺錢，於是在書寫時，

就會寫出感謝自己可以透過投資輕鬆賺到錢、或是透過發票、樂透輕鬆賺到錢之類。當書寫時專注在「賺錢的方式」，則容易限制金錢能量的流動。有時候是因為我們的經驗法則中沒有經歷或是不曾想過，不要說「不可能」做到，就連「想都想不到」。

就像許多商業模式都是如此，以前沒有人想過買賣房屋，能用「預售」的方式，從來都是蓋好房子才開始銷售；以前從來沒有人想過去超市，還需要先「付費」成為會員，才能購買商品；以前也沒有人想過去超市，還可以順便送洗衣服等等。

如同有句話：「貧窮限制了你的想像。」許多時候是因為我們的固有信念限制了我們想像賺錢的可能性；有時則是我們沒有「輕鬆賺錢的成功經驗」，甚至可能連「賺錢的成功經驗」都沒有，若一開始想像／冥想「輕鬆賺錢的方式」，很容易困住、卡關。因此只要先專注感受自己「已經是在」輕鬆賺錢的感覺就可以，書寫過程則專注於感受、感恩。

感恩書寫紀錄分享

感恩書寫主題：感謝自己可以輕鬆賺到錢-1

感恩書寫內容	潛意識信念或雜訊

謝謝你 寶貝 謝謝你現在已經可以輕輕

鬆鬆 賺到金錢

你找到了人生的方向和努力的目標

得到金錢 當作本錢 很容易 毫不費力

這是給你的獎勵 金幣

你感謝 你在每一天 每一刻 盡情的發揮你自己

珍視你的價值

你很棒 你的能力幫助了別人

你很棒 你的服務 助益了別人

你很棒 你的分享 讓身邊的人得到更多

這一些的 所以 對你 毫不費力 這一切都是你應某的

是你有色很出的、無可替代的

宇宙愛你 愛你的付出   我在說服自己？

宇宙愛你 愛你了解自己、而且知道你的真出你的價值 這輕鬆 賺錢 的方法

你閃閃發亮 你吸引了更多的 能量和目光 如果我有輕鬆賺錢

你迎來了豐盛和四富裕的金錢 我的足如何的 感受呢

你是完整的 你是富足的

謝謝你 頭腦 謝謝你找到了你的最佳方式 我覺得我沒有完完全全

塑造出展現 你的完美宝石 你是無價的 發揮的價值？

難以估價的，周遭遍的人不斷擦亮你的折射

卻都只看到你的一小部分光芒、你得到金錢很輕鬆

254

非常正向的書寫內容！透過第二人稱（你）的方式，展開與自己的內心對話，這是很好的一種書寫方式。遇到有些主題不知如何下筆時，可以透過用你、我的角色嘗試書寫，與「另一個你」對話，反而更能跳脫出原有的框架和思維模式。

在書寫內容中，運用正向的信念，告訴自己是最棒的，宇宙是愛自己的，這都是很好的方式。如果平常是用自由書寫的方式，寫完會感覺非常舒暢，正能量滿滿；但如果是用豐盛心靈寫作的方式、分成左右兩邊時，大部分都很難「順暢」的寫完，而是會冒出右邊的潛意識訊息和雜訊，並且很多人會和書寫內容中有同樣的疑問：「我在說服自己嗎？」、「真的這麼『正向』嗎？」

我常跟學員分享：「心情、感受是什麼，就是什麼！」不需要特別要求、逼自己一定要「正向」，真的內在有不爽、憤怒、委屈，不需要任何「說服」、「合理化」，真實的面對和反映內在情緒，這樣才是健康的做法。「強摘的瓜不甜」，一味告訴自己要正向，但卻沒有真實面對、處理內在情緒、情感，那就像是吃興奮劑或安慰藥，即便有效，一旦藥效過了，仍舊恢復原先狀態，這只是「治標」。反而真實的去面對自我內在，更能夠培養出由內而外的強大支持力量與正向信念，才是真正「治本」的方式！

感恩書寫心靈訊息

透過此書寫主題，將帶給你的學習：

1. 修復與金錢的關係

2. 創造與建立可以輕鬆賺錢的信念

3. 打破內在限制性信念

4. 創造豐盛

第 24 天

感恩金錢能量

感恩書寫練習步驟

1. 設定 1 分鐘：想像／冥想金錢能量流動的感覺與畫面。

2. 設定 7 分鐘：書寫感恩金錢能量的話語和心境。

3. 7 分鐘時間到，若覺得還沒有寫完，則可以繼續書寫到覺得完成為止。

感恩書寫主題：	/ /
感恩書寫內容	潛意識信念或雜訊

感恩書寫主題意涵

「如果你想要了解宇宙的真理，就要開始思考這一切都和能量、頻率、共振有關。」

——尼古拉·特斯拉（Nikola Tesla）

　　金錢是一種能量，而能量本身具有流動性，當你越正向的看待與使用金錢能量，則越容易有正循環；反之如果你負面的看待金錢能量，則只會造成反效果。潛意識不會刻意的去判斷對或錯，潛意識單純就是遵照你的意識和信念，為你創造出實相世界。

　　舉例來說，如果你對金錢或有錢人抱持敵意，金錢能量的流動就會有所阻礙，因為你討厭「有錢人」，自然潛意識就會遵照你的意識，不會讓你成為你討厭的那種人（有錢人）。或許你會想，「我討厭的有錢人是那種自私、傲慢、不把人看在眼裡的人，我有錢不會跟他們一樣，我會做善事、幫助許多窮困的人們。」沒錯，「意識」上我們清楚這兩種有錢人是有區隔的，但對於「潛意識」而言並無差異，潛意識看到的只是單純的「金錢能量」，並不會刻意去分別好壞、對錯。

　　因此，當我們在看待金錢時，其實不需要因為「金錢的使用者」的緣故而去討厭金錢。大多數人因為對於「金錢的使用者」厭惡，而對金錢產生了移情作用，變成連帶也討厭、厭惡金錢。這樣一來就會形成許多限制性的潛意識信念，來阻擋「金錢能量」的流動。

曉琪是一個很特別的女孩，她總是很辛勞的工作，甚至同時打好幾份工，就是為了要賺錢，讓家裡不要過著苦日子，擺脫過往家境貧困、處處要看人眼色的處境！在一次上課書寫「感恩金錢能量」的過程當中，她突然發現自己無法感恩金錢能量，因為擔心感恩金錢能量後，會突然變得有錢！

我就問她：「如果突然變得有錢，會怎樣呢？」

她回答：「我害怕我的心態會改變，變得像是暴發戶一樣，不把錢當錢看，甚至不把人當人看！」

「你覺得你會這樣嗎？」我問道。

「我希望我不會，但我害怕會，因為很多人都是這樣。」

這是一個典型被金錢潛意識信念困住的例子，因為過往的經驗，而造就內在信念不希望、害怕、甚至是討厭「成為有錢人」。

此外在書寫感恩金錢能量時，也常遇到一種情況是「覺得自己不值得、不配擁有金錢」。形成這樣的潛意識信念，背後可能有許多原因，我舉一個東方人比較常見的例子，相信大多數的人都聽過「孔融讓梨」的故事，我們從小就被教育要謙讓，這本是一種美德，但是當過度要求、刻意為之時，便會變成不恰當。

曾聽過一位朋友告訴我實際發生的故事，他從市場買回來一堆蘋

果，其中有大有小，他拿給小女兒，讓她挑選一個給自己，一個則給媽媽。然後他看見小女兒先拿起較小的蘋果咬了一口，這時我朋友心中頓感欣慰，很高興小女兒懂得「孔融讓梨」，自己選擇吃小顆的蘋果，然後將大顆的蘋果留給媽媽。

正當他還沉浸在喜悅中時，卻見小女兒拿起大顆蘋果又咬了一口！瞬間他的心情跌落谷底，心想這小孩怎麼這麼貪心，不僅不挑小的蘋果，還兩顆蘋果各咬一口。打擊還沒結束！小女兒各咬一口後，就挑選走大顆蘋果，逕自吃了起來。朋友心想這小孩怎麼這麼糟糕，就算要挑大顆，也不用兩個蘋果都各咬一口啊！正當他想教訓小女兒時，小女兒說了一句：「爸爸，我都試過囉，小顆蘋果比較甜，留給媽媽吃。」這一瞬間，我朋友的心情從跌落谷底，又變成「無地自容」，才發現原來小女兒的心思是希望將最甜的留給媽媽，自己錯怪女兒了！

謙讓本身是件好事，但是往往因為社會化以及「大人的期望心理」，造成我們學不會「接受」，對於接受別人的愛、好意，變得很彆扭，甚至覺得自己「不夠好」、「不值得」。通常有這些信念，很容易就會自動的將錢往外推。

書寫「感恩金錢能量」，可以幫助我們覺察內在潛意識對於金錢的限制性信念，當你對於書寫此主題有卡住時，不妨往內在深處探尋，通常會發現和以下幾個面向有關：

第一、匱乏感

　　許多人面對金錢議題時，會因為現實生活中的匱乏、不足，而難以有「感恩」之心。光是想到房租、房貸、車貸、欠債等金錢問題，就已經陷入在「困境漩渦」當中。但越是如此，越需要重新去省視生活中目前擁有的一切，開始「感恩」所擁有的一切，如此一來，宇宙能量就會為你創造更多的「擁有」和「富足」。反之，當你的心念時時刻刻都將注意力放在「匱乏」，那麼潛意識信念吸引而來的自然也會是「匱乏」。此外，有些人則是因為「害怕失去」，而想要去控制、掌握金錢；同樣的，當你越「害怕失去」時，潛意識為你吸引而來的便是「失去」。感恩越多，才能擁有越多，這是不變的宇宙真相。

第二、值得感

　　你的內在信念認為你有多「值得」擁有財富、你有多「值得」被愛，你吸引而來的金錢能量就有多大！因為除了喜悅、愛、和平、感恩等情緒能夠吸引金錢能量之外，還有一種就是深深的「值得感」的情緒、感受。當你越能由內在發出你是「值得」的情緒能量時，自然就會吸引更多的金錢能量。

第三、認知態度

　　時刻清理對金錢能量的限制性信念系統，建立全新的理念：金錢能量在宇宙中是可以自然、輕鬆的流動。當你越不限制自己的想像、

越不限制金錢能量的來源時，則生命就有越多的可能性。

當你在書寫感恩金錢能量時，若遇到卡住或是發現有限制性信念時，建議可朝下列兩種方式進行：

方式一、冥想金錢能量的流動

透過冥想的方式，想像金錢能量在宇宙中自由的流動，並且時刻都能流動到你的生命當中（例如可以想像存摺數字不斷的往上跳動）。在冥想過程中，越能夠體驗金錢能量的自由流動，也就越容易創造財富、創造豐盛。

方式二、書寫限制性信念

若發現某些對於金錢的限制信念（例如：我不值得擁有、我不可能有錢、我很難有錢、不可能輕鬆賺錢、沒有這麼好的事等等）時，可以嘗試另外書寫，嘗試去回想從小到大，最早有某個金錢限制信念形成時，當時的時空背景，是什麼人說了什麼話，導致你有這樣的信念。將這些過程書寫下來，寫下來後，特別可以針對「當事人」，把你想對他說的話書寫下來，如此一來可以讓內在情緒能量自由宣洩、流動，創造出新的空間，來擺放新的正向信念以及正確的金錢信念。

感恩書寫紀錄分享

感恩書寫主題：感恩金錢能量	
感恩書寫內容	潛意識信念或雜訊

感恩金錢能量，金錢等於物質，生活中充滿物質的需求，也因此金錢給予我安全感，在我需要的事物上，金錢能帶給我安定的能量。

感恩金錢能量，努力付出、完成工作，為了就是金錢的獲取，金錢可以安撫疲痛的感覺，當作是獎勵成就，有些挫折、難關可以被金錢能量給撫慰。

感恩金錢讓我看的更廣，走的更遠，錢非萬能，沒有錢卻萬萬不能，金錢讓我去到想去的地方，做想做的事情，吃愛吃的東西，感恩金錢那達成夢想的能量。

感恩金錢能量給予努力的動力、方向，
感恩金錢能量帶來的美好生活，
感恩金錢能量代表的價值感
感恩金錢能量產生的身份、地位，
希望我擁有帶給他人金錢能量的能力

徐培榮　2021.07.17. P.M. 23:46

常在夢中出現沒帶錢的場景，讓心裡好慌張。
爸爸常說買東西是錢伯伯給的。

這樣去感恩，是否太庸俗？
但白做工，誰願意呢？

媽媽從小告訴我有錢、節省，
也讓我沒因為錢而自卑過，
說到金錢，反倒讓我對父母感恩更多。

滿腦子都是錢的感覺，錢錢錢
嗡嗡老機裡的蚊蟲圍繞唱著：
錢錢錢我的錢錢錢你們看我演我本賺大錢

誠心的感恩可以得到真誠的回應吧！

究竟是否文對題呢，還是又不對題
盤算著想吃的，想玩的，想買的，又得花費多少呢？

非常棒的書寫能量！因為父母從小的教養以及建立的習慣與觀念，讓金錢能量能夠自由的在內在流動，並藉由書寫金錢能量的過程，更能體會到父母的用心、感恩父母，這是非常棒的一個歷程。

在書寫內容中，右邊書寫部分仍舊有透露一些潛意識訊息，例如是否市儈、沒帶錢等等。建議可以嘗試再另外書寫去探究為何突然冒出這些想法，則可以幫助金錢能量在自身內在更為自由的流動。不過整體書寫內容能量已經是非常自由，相當好！

感恩書寫心靈訊息

透過此書寫主題，將帶給你的學習：

1. 修復與金錢的關係
2. 打破金錢的限制性信念
3. 練習想像／冥想創造實相的能力
4. 創造豐盛

第25天
感恩花錢的自己

感恩書寫練習步驟

1. 設定 7 分鐘：書寫感恩花錢的自己的話語和心境。
2. 7 分鐘時間到，若覺得還沒有寫完，則可以繼續書寫到覺得完成為止。

感恩書寫主題：	/ /
感恩書寫內容	潛意識信念或雜訊

感恩書寫主題意涵

花錢是門藝術！大多數的人都知道要學習如何賺錢，但是卻鮮少有人教你如何花錢。當我們都在想要如何賺錢的同時，有許多人同時間也被許多道德、限制性信念綁架，認為花錢不應該，或是有錢應該怎麼花才對。

有人說花錢要花在刀口上，有人說要花在投資自己的腦袋，有人則說花錢要花在資產、而非財產上，也有人說花錢就花錢，哪有這麼複雜，只要開心，有什麼不可以？

「感恩花錢的自己」這個書寫主題，會幫助我們釐清自己的「消費觀」。有人在書寫的過程中，是全程「理性思辨」，自己與自己論證究竟怎樣花錢才是對的；有人則是充滿「浪漫情懷」，覺得花錢就是一件美妙的事情，人生來就該享受、愛自己。不管怎樣，這都會幫助我們觸碰到鮮少思考的「花錢」議題。

這讓我想起過往和客戶討論行銷專案時，遇過一個很有趣的經典案例。某家高級餐廳希望找我當行銷顧問，拓展網路銷售通路。他們的實體店每週來客數、業績都不錯，週末假日甚至一位難求，但是網路購售禮券的業績始終不理想，明明禮券還有折扣，比實體店消費還便宜、划算，卻鮮少人詢問以及購買。一問之下，我才發現，因為老闆希望「省錢」，所以購物網站中不採信用卡支付，而是需要透過匯款後，再寄信通知回覆確認，此外還需要填寫許多客戶資料等，造成

整個購物流程非常冗長、不便。

目前禮券的銷售比例佔不到實體店的千分之一（嚴格來說，是幾乎沒有人購買），如果採用信用卡支付，可能要多支付 2~3% 的手續費。不過以目前實體店的業績而言，保守估計以轉換率 1% 來計算，則至少能夠增加百萬的禮券銷售額。以這個銷售業績來說，若是多支付 2~3 萬元的手續費，比起原先用匯款方式不用手續費而言，的確是多了筆「不小」的費用。但是，相信明眼人看到這裡都會發現，雖然原先匯款方式不用「花錢」，但業績幾乎等於零；而採用信用卡支付，雖然要「多花」2~3 萬元，但是卻帶來將近百萬元的業績。

這是一個因為不捨得「花錢」，而失去「賺錢」機會 的例子！

同樣的，相信很多人有聽過「時間就是金錢」，而這句話也可以翻譯成「不花錢，就要花時間。」或是「花錢，就可以節省時間。」其實，時間才是真正最貴的資本，因此如果懂得「花錢」來節省時間或是賺取時間，才是真正聰明的「花錢」方式。

舉一個我公司的例子，我其中一個公司主要在做多媒體設計、多媒體影音，通常都需要較高規格的電腦設備。我通常不太會注意員工平常上班在做什麼事情，有一天，剛好我注意到有位同事一直盯著電腦發呆，我就走過去詢問她，「怎麼了嗎？是不是遇到什麼困難？」她回覆我：「因為電腦在跑運算，變得很慢，在等待運算完畢。」聽完，我馬上聯絡電腦廠商，升級電腦設備。

同時我問員工，「這種情況妳怎麼不反映呢？」她回答說：「我怕公司要花錢，現在電腦也不是不能用，只是比較慢。」她的出發點當然是為公司著想，事實上她在公司也是貢獻頗多、非常盡責的夥伴，不過卻因為擔心「花錢」，而耽誤了自己和公司許多「時間」。這種情況在我輔導的很多店家中常常發現，許多老闆為了「不花錢」，寧可自己摸索或是教員工自己學習，殊不知因此損失的時間成本，才是更大的！

　　此外在豐盛心靈寫作課程中，常常會碰觸到「愛自己」的議題。許多人長期的打壓自己，不捨得「花錢」，尤其許多母親，更是會將最好的都先留給先生、小孩，對自己都儘量的省吃儉用。這當然是一種「母愛」的展現，但是難道沒有其他更好的方式展現「母愛」嗎？為什麼這麼說呢？

　　宇宙是無限豐盛的，其實是可以做到母親、父親、小孩全家人都過著豐盛幸福的日子！不需要特別犧牲一個人，而讓其他人過得好。事實上「少用」並不代表「多賺」，「少用」的背後仍舊是「匱乏感」潛意識信念在驅動，那麼自然而然為生活創造的實相則仍舊還是「匱乏」。歐債危機爆發後，財政樽節成為歐盟國家一致遵守的政策，然而卻造成經濟的零成長甚至負成長。這背後的道理，就是因為「匱乏感」驅動所造成。所謂的「開源節流」，「節流」固然重要，但若不「開源」，則情況並不會有太大的改善。

　　例如一個年輕人如果月薪只有三萬，想要投資理財，最常聽見的

說法，便是要你先減少「喝咖啡、喝飲料」，將每天花費在飲料的費用省下來，以一天 50 元而言，一個月就可以省下 1500 元作為投資用。但是，如果我嘗試去便利商店打工，一週 3 小時，時薪以 150 計算，那一個月就多了 1800 元。一週三小時，並沒有佔據太多時間成本，效果卻比「節流」好太多。節流的方式不僅每天要堅持執行，本身就有難度之外，還要犧牲許多興趣、喜好。想像一下，如果是運用「開源」的方式，不僅有多餘的資金收入，偶爾還能夠喝喝飲料、看看電影，相對而言不是開心許多嗎？

「開源」的方式有許多種，而「節流」的方式則有限！當你開始思索「開源」，其實也是讓潛意識開始探索任何豐盛的可能性；當你開始思索「節流」時，則要很注意別被匱乏感所綁架！

因此學會、懂得如何「花錢」，是非常重要的一個環節。怎樣花錢方式才是對的，並沒有標準答案，但是有個關鍵要記得：「金錢是一種能量！」能量本身就會自由的流動，必須思考如何「花錢」，讓金錢能量自由流動，才會有「賺錢」的能量流進來。就像流水一樣，如果流水停滯不流動，那麼就容易形成一灘死水，細菌、蘚苔橫生。

透過書寫「感恩花錢的自己」主題，會碰觸到許多關於金錢的潛意識底層信念，有人害怕花錢、有人則有恐懼感、有人則有罪惡感等等，不管是哪些信念，能夠發現就是好事，只要將這些信念清楚的寫下，發現、認識，便有機會改變，創造豐盛！

感恩書寫紀錄分享

感恩書寫主題：感恩花錢的自己	
感恩書寫內容	潛意識信念或雜訊

自出社會以來，我一直是一個很會花錢的人，
也或許應該說是個花錢不手軟的人，不過回頭
看看，我發現我花錢的方式有階段性，以前是
什麼都花大錢買，一雙鞋兩件，一件衣服一兩件，
而且不是再同月買一兩件，所以我之前幾乎沒有
存款，標準的月光族，後來轉換職場，同辦
公室的同事是個勤儉的人，待人很好，也常會
跟我分享她的消費習慣，漸漸的我對物質
的慾求沒這麼高，漸漸的了解到買東西的用
比較重要，在她的薰陶之下，我們一起去社區大學
……（戴上老花眼鏡再寫的，視線有點模糊）

上課，轟轟烈烈開啟了我另一個花錢的階段，
因為公司上下班準時，工作內容輕鬆讓我多了
很多時間上網，開始找一些有興趣的課程
上課，從音樂、到日文、甚至行銷我花了大部份
的錢在學習，做自己喜歡的事，現在看起來比較
像在投資自己，但其實當下沒想這麼多，最近
一兩年我花錢的地方變成是買設備學網路相
關的課，當下腦袋中隱約有想朝這個面發展，
但還不確定方向，學習音樂也一直持續，為
了組團去做，結果還自己又花錢買了以樂團
可以用的設備，但還沒出團就碰到疫情
爆發，我買的音樂設備和電腦相關設備也
了我線上教數學和感恩兩兩得以持手
……（感覺工作時間都在摸魚、我一直對行銷沒有興趣、我覺得行銷很好玩）

感恩書寫內容	潛意識信念或雜訊

讓我可以無縫接軌的在家工作、收入不受疫情
影響，而且因為我花錢給了自己不斷前進、不斷
增加收入、尋找所有可能的動力。因為怕自己沒錢
買想買或需要買東西，也擔心現在不努力花了錢
有段時間的生活可以過，所以感恩花錢的自己，
更感恩越來越有正確花錢能力的自己♡

張凱雯
2021.09.15

花錢的方式沒有對錯！透過書寫過程，不管是「理性思辨」抑或是「浪漫情懷」，都是好的方式，只要願意書寫，就能夠幫助我們進一步釐清花錢的動機與需要，而能找到最適合自己的「花錢」方式。只要找到適合自己花錢的方式和理由，便能夠讓「金錢能量」在內在自由流動，而創造豐盛。

　　透過書寫此主題，也可以對自己過往花錢的脈絡做一次整理，這是很棒的書寫方式，了解自己在每個生命階段如何運用金錢、如何花錢，則更能讓我們清楚為何要花錢、花錢的目的為何，更能夠看出過往每個階段花錢的價值與意義。這樣能夠幫助我們更加深「感恩之心」，自然也就離豐盛不遠。

感恩書寫心靈訊息

　　透過此書寫主題，將帶給你的學習：

1. 修復與金錢的關係
2. 打破金錢的限制性信念
3. 化解內在匱乏感
4. 增進內在動力
5. 創造豐盛

第26天
感恩自己是個有錢人

感恩書寫練習步驟

　　第一次書寫：（看到題目，拿起筆就直接書寫，不要太多思考，先寫就對囉！）

1. 設定 7 分鐘：書寫感恩自己是個有錢人。
2. 7 分鐘時間到，若覺得還沒有寫完，則可以繼續書寫到覺得完成為止。

　　第二次書寫：

1. 設定 1 分鐘：嘗試先冥想／想像，感受自己是有錢人的感覺。
2. 設定 7 分鐘：書寫感恩自己是個有錢人。
3. 7 分鐘時間到，若覺得還沒有寫完，則可以繼續書寫到覺得完成為止。

感恩書寫主題：	/ /
感恩書寫內容	潛意識信念或雜訊

感恩書寫主題意涵

阿翔對著我說：「老師，你是認真的嗎？我就不是有錢人啊，這個書寫主題好難喔！」是啊！我相信大多數人第一時間看到這個書寫主題時，都會有同樣的反應，除了少數（有錢）人可以很自在的書寫這個主題。

「感恩自己是個有錢人」書寫主題練習的關鍵，不在於你是不是有錢人，而是在於「想像」自己是有錢人的情境、與「感受」自己是個有錢人的感覺。

大多數的人已經太習慣「自己沒有錢」、「不夠錢」或是「不是有錢人」的感受，因此在這個書寫過程中，試著讓自己打破思維框架，就像有句話說的：「別讓貧窮限制了你的想像！」，盡可能的去想像自己是個有錢人，會怎麼「運用金錢」。在此許多人會跟先前「感恩已經財富自由的自己」的書寫主題混淆，覺得兩個主題很類似。若要

真的定義書寫主題，的確是會有些許不同，不過先不用擔心該如何分辨書寫主題，最重要的是專注在感受當你面對書寫主題時，內在情緒和潛意識產生怎樣的反應，尤其是對於金錢、財富的看法和觀點，會是更值得注意的部分。

閱讀至此，建議先嘗試第一次書寫，書寫完後，再繼續閱讀下列文章。

「感恩已經財富自由的自己」著重在於「財富自由」後，不再需要擔心「金錢」議題時，對於「生活情境」的描寫和想像。

「感恩自己是個有錢人」則著重在對於「金錢」的看法以及運用的觀念。

阿翔又問道：「老師，單憑『想像』有用嗎？這樣是不是很像是自己欺騙自己，只是一味的催眠自己有錢，但是現實生活中就是沒有錢啊！這樣有幫助嗎？」

大多數的人對於「想像」有錢、「想像」是個有錢人，都沒有太大的問題，往往都不是卡在「想像」的部分，而是卡在「感受」的問題。就像阿翔說的：「現實生活中就不是有錢人啊！」因為生活經驗會影響我們的「感受」。很多人都聽過吸引力法則、心想事成、正向信念等，都告訴我們一件事情，只要我們保持正向信念，相信就會成真，那是不是「我相信自己是個有錢人」就會成真呢？當然！只要你相信，就會心想事成！不過除了「相信」之外，大多數不知道的是，真正心

想事成、豐盛的關鍵在於「感受」：「感受真實臨在的感覺！」

是否有想過，如果你是有錢人，你會散發怎樣的氣息呢？會有怎樣的思維模式？會有怎樣的生活習慣？透過書寫的過程，就是幫助你去「感受」如果你「是」有錢人，會怎樣運用金錢和過怎樣的生活。書寫內容寫得越詳細，則越能夠幫助自己強化「感受」自己「是」有錢人的感覺。這就是「感受真實臨在」的意思，你「是」便是一種「真實臨在」，不僅僅只是「想像」自己是有錢人，要「感受」你「是」、你「就是」有錢人。

有的人在書寫時會寫「如果我是」有錢人或是「假設我是」之類的話語，正意味著尚未進入「有錢人」的狀況。一開始書寫這個主題時，這是正常的現象，建議可以隔一個月、一季就嘗試重新書寫這個主題，會有助於強化自己「感受」是有錢人的力量。

有些人則難以「感受」自己「是」有錢人，會卡在現實的生活經驗、歷練，以及內在對於自我價值不肯定、沒有自信。例如有些人可能目前就面臨債務、房貸等財務問題，在書寫此主題時，便容易受到影響。那麼我會建議先不用針對主題書寫，反而可以先針對面臨實際財務現況的心情，嘗試將其書寫下來。許多人第一個念頭可能就是：「還能有怎樣的心情，面臨財務就是煩啊，目前就只能這樣啊，不太可能有馬上的改變，寫了也不會有幫助啊！」

相信我，將這些念頭書寫下來，在過程中，生命就會有變化。過

往面對這些財務、生活困境時，面對的方式可能就是逃避、不想面對，因為想了又能怎樣呢？更不用談與內在聲音對話。但越是逃避、不想面對或與內在對話，越會將許多情緒壓抑在內心當中，姑且不論會造成心理、生理的健康問題，當你內在積滿許多負面情緒時，即便有正向、金錢能量要流入，也都會被堵住、被拒絕於外。你知道嗎？民間傳統習俗有個說法，土地公喜歡笑臉、充滿喜悅的人，越是開心的人，土地公越會將錢送給他。其實這道理也很簡單，就像一個業務充滿笑臉、喜悅。另一個業務總是板著臉，你會比較喜歡哪一個呢？

因此當你面對「感恩自己是個有錢人」主題時，如果有任何負面的情緒或感受，我會建議可以先嘗試將這些情緒、感受書寫下來，讓內在情緒能量有一個流動、宣洩的機會。當你覺得寫完、抒發完畢後，讓內在清出一些心靈空間，這時正向能量、金錢能量就比較容易流入你的內在，然後重新嘗試書寫「感恩自己是個有錢人」，會有完全不同的感受和體悟喔！

此外，有兩種現象也常發現在這個書寫主題：

一、覺得錢不是最重要的！

有些人在書寫此主題時，寫著寫著，會變成「我覺得錢不是最重要的！」有家人的陪伴、家人的愛等等，才是最重要的，有錢也不見得可以買到健康、買到陪伴家人的時光！或者是變成「知足常樂」，我不一定要很有錢，錢足夠用就好，能夠做自己想做的事情、完成自

己的夢想，才是最重要的！

這些想法當然都沒有錯，但是「有錢」和有家人陪伴、健康、實踐夢想有衝突嗎？不能擁有錢又同時擁有幸福、美滿家庭嗎？其實並沒有衝突啊！

如果有這一類限制性的念頭，則建議可以針對「為何有這些想法」嘗試書寫下來，會找到一些內在潛意識對於金錢的信念，例如覺得「有錢」就要犧牲生活、「賺錢」很辛苦，這樣一來就失去陪伴家人的時間、甚至失去健康，或者「有錢」就要工作、看老闆臉色，反而不能做自己想做的事情等等。

舉個更誇張的例子，書寫主題只是說「自己是有錢人」，有說錢是怎樣來的嗎？不能是樂透中獎、或是突然有人給我們一筆錢嗎？總之，怎樣有錢不是重點，重點還是回歸於「感受」自己「是」有錢人。

二、就很有錢了啊！

有的人則是覺得「目前已經很有錢了啊！」，屬於「知足型」；一種則是屬於「有錢型」。

對於前者「知足型」來說，難道有更多錢不好嗎？有的人確實會怕「太有錢」，因而被搶劫、被嫉妒等等，這些其實都是反映內在潛意識信念，不完全是因為金錢，也有人可能是過往在學校、職場表現太突出，而有被排擠等經驗，造成他對於「金錢」也產生「偏差」的

概念。這部分則可透過將過往的傷害、委屈等等書寫下來，持續一段時間，讓內在情緒能量適當的流動，這樣不僅有很好的心理療癒效果，對於金錢能量的擴展也有幫助喔！

至於後者「有錢型」，常見的是因為他本來就已經過著有錢的生活，因此一開始書寫都沒有太多問題，甚至可以看出「優越感」；但往往書寫到後半段時，都會有些「化學反應」，突然找到生命要努力的方向、生命的意涵，蠻特別的！所以我要提醒的是：不要擔心書寫有錢是在炫耀或是別人會怎麼看，想寫什麼就寫什麼，你「就是」有錢人，沒有什麼不好或不能寫的。反而如果有冒出一些「覺得不應該怎樣」、「不好寫出來」之類的限制性信念，才更是你需要另外透過書寫去找出、內在卡住的潛意識信念喔！

感恩書寫紀錄分享

感恩書寫主題：感恩自己是個有錢人	
感恩書寫內容	潛意識信念或雜訊
從什麼時候開始的？我開始對金錢改觀？過去，我渡過很長一段極匱乏金錢的日子，戶頭的現金好像怎樣努力都無法增加，每花一塊錢都斤斤計較，貨比三家。但節儉並沒有讓我豐盛，反而更加限縮了自己的金錢能量，直到有一天，我被詐騙了兩百多萬，從匱乏變成負債累累，在人生最低谷中，我沒有退路可以選，除了往前，還是往前，神在我的生命中佈下了魔法，從兼職副業，到勇敢創業，從害怕、緊縮到豐盛、擴展，金錢自然的流進來，不需要小心節儉，不是勞心勞力辛苦工作，而是做自己輕鬆喜悅的事情，幾乎感覺改變是瞬間發生的，上一刻我還是困苦窘迫，這一刻卻突然富有起來，我有很多錢可以任意使用，錢是一種神奇的工具，使用金錢的同時，帶來的不是花掉的匱乏，而是豐盛的擴大，把手邊有趣好玩的東西加以改造和分享，帶來好多金錢；把錢分給幫助我的人，讓更多人貢獻時間為我所用，帶來跨越我的能力，更多的金錢，感恩金錢為我帶來的神奇魔法，感恩我成為我，我是善用金錢的有錢人，成為有錢人	逃避、緊縮、展現自己軟弱又恐懼的情緒。 充滿自信、喜悅 感覺手中彷彿有魔杖，使用魔法是輕易的。

280

感恩書寫主題：感恩自己是個有錢人	
感恩書寫內容	潛意識信念或雜訊
的感覺真棒,我有更大的力量可以輕鬆成就更多事情,我把事業變得更加有趣又好玩,感恩一切的發生,感恩金錢的力量,我在花錢的同時,更擴展,更富有,我成為金錢,我愛我是有錢人!	幸福洋溢,深深陷入無盡自怨情緒.

金錢能量非常流暢的展現於書寫內容當中，是非常喜悅的豐盛狀態！神奇魔法比喻更是神來一筆！這就是我常說的在書寫過程中，其實不需要「思考判斷」，想到什麼就寫什麼，讓自己的想像、內在聲音自由流動，不要有任何的框架束縛。

雖然整體書寫內容不錯，有一個比較特別的是：在書寫過程中提及過往詐騙、負債的事件，看起來其實只是「過場」的一小段描述，但是出現在「金錢」議題的書寫內容中，則建議可以另外書寫該事件，或許會有些不同的發現。

還是提醒大家在書寫過程中，要練習覺察任何一個突然冒出的念頭、想法以及人事物，都不會是「巧合」，通常都會和書寫主題有相關連，值得再去深究、探索喔！

感恩書寫心靈訊息

透過此書寫主題，將帶給你的學習：

1. 修復與金錢的關係
2. 打破金錢的限制性信念
3. 找回自己的力量
4. 增進感受能力
5. 創造豐盛

第27天
感恩有錢人

感恩書寫練習步驟

第一次書寫：（看到題目，拿起筆就直接書寫，不要太多思考，先寫就對囉！）

1. 設定 7 分鐘：書寫感恩有錢人。
2. 7 分鐘時間到，若覺得還沒有寫完，則可以繼續書寫到覺得完成為止。

第二次書寫：

1. 設定 7 分鐘：依序書寫下列問題。
2. 寫下對於「有錢人」的觀念、印象（每次書寫只針對一個觀念、印象）。
3. 寫下最早是什麼時候開始有這樣的想法。
4. 然後寫下這樣的想法是誰告訴你的。
5. 若 7 分鐘時間到還沒有寫完，則繼續書寫到覺得完成為止。

感恩書寫主題：	/ /
感恩書寫內容	潛意識信念或雜訊

感恩書寫主題意涵

　　「感恩有錢人」這個書寫主題，對許多人是非常大的挑戰！很多人看到題目時，腦袋可能會閃過許多疑問：「為何要感恩有錢人？感恩有錢人的目的是什麼呢？」、「感恩造物主、感恩大地、感恩父母、感恩周邊的人事物，我懂得這些感恩的道理，但是為何要感恩有錢人呢？」其實，感恩有錢人就是感恩「你自己」啊！

　　先前我們提過，潛意識的運作是非常微妙的，當我們「討厭」有錢人時，基於潛意識對於我們自身的保護，我們就不會成為「那個自己討厭的人」，也就是我們無法成為有錢人。那麼當我們換個方向，開始感恩有錢人時，也就是讓我們自己更接近、成為有錢人的開始。

　　上課的過程中，我發現一個很有趣的現象！許多人都曾經看過、接觸過「有錢人想得跟你不一樣」、「有錢人的思維」之類的書籍或是概念，通常我都會請學員分享一下，他認為有錢人思維應該是怎樣？大多數的人分享得都滿不錯的，例如：

・認為錢不是罪惡，金錢就是能量、工具，沒有好壞。

- 隨時隨地學習新知，不斷持續成長！
- 錢該花則花，讓每一分錢價值更勝於價格。
- 對錢懷抱感恩的態度，特別對紙鈔會保持整潔、乾淨。
- 凡事以正面態度看待，遇到難題，看到的是機會。

甚至許多學員不是具有有錢人思維，就是在嘗試改變的道路上，但往往開始要書寫「感恩有錢人」的主題時便卡住！這中間的差異、或卡住的原因究竟是什麼呢？阿華說道：「關鍵在於雖然我有有錢人的思維，但是為何要感恩有錢人？他（們）又沒有給我錢、又沒有幫助過我，沒有交集，自然就不容易感恩。」

說得很有道理！但是真相真的是如此嗎？對於「感恩有錢人」這個書寫主題，絕對有上百、上千個理由，告訴自己「無法感恩」或是「不知道如何感恩」，但真相只是：「你不夠想要有錢！」

阿華聽罷，頓時愣住，似乎想說點什麼，但又說不上來！

如果真的懂得潛意識的運作原理和有錢人思維，怎麼會「無法感恩」或是「不知道如何感恩」有錢人呢？

先說有錢人思維，其中有一項是：凡事以正面態度看待，遇到難題，看到的是機會。我最常舉的例子，就是在非洲賣鞋的故事。

一位鞋商某天把他的兩個銷售人員叫來，吩咐說：「給你們個任務，誰能完成，我將會給他豐厚的回報。你們誰能把鞋賣到非洲去？」

甲說：「老闆，你這不是難為人嗎？怎麼可能把鞋賣給非洲人呢？那裡的人根本就不穿鞋。」

乙說：「老闆，我去！多好的機會啊，多大的市場啊，要是非洲人民知道穿鞋的好處，天哪得有多少人得買我的鞋啊！」

同樣的，面對「感恩有錢人」書寫主題時，第一時間是覺得「無法感恩」或是「不知道如何感恩」，還是「想盡辦法」或「嘗試感恩」呢？知易行難！大多數人都知道「有錢人的思維」，但是知道跟落實在生命中，則是有一大段距離。

再談到潛意識的運作，當你覺得跟有錢人沒有交集、無法感恩時，你就真的跟「有錢人」失去交集的機會。當你願意嘗試和有錢人交集時，便自然能夠想出許多方式。其實透過阿華剛剛短短幾句話中，便不難看出底層潛意識的訊息。

「他（們）又沒有給我錢、又沒有幫助過我！」為何有錢人就要給我們錢呢？為何有錢人就要幫助我們呢？有錢人有錢就應該做公益、佈施，就應該取之於社會、用之於社會嗎？為何我們可以這麼「理所當然」的認為呢？

你是否有發現，許多信念不知不覺中早已在我們心中根深柢固，例如：

· 錢不會長在樹上（輕鬆賺錢是有問題的！）。

- 骯髒的富人、不潔的金錢。
- 我們不配有錢。
- 不可能有了錢還心性善良。
- 富人貪得無厭。
- 必須努力工作才能有錢。
- 不應該談錢或炫耀財富。
- 有錢就應該幫助困苦的人。

我們真正需要去面對的，是這些童年至成年不斷被灌輸有關金錢、有錢人的觀念，甚至是一種迷思。這些觀念、迷思才是真正造成我們無法有錢、無法成為有錢人的關鍵因素。

因此在書寫「感恩有錢人」主題時，若察覺到自己「無法感恩」或是「不知道如何感恩」時，不用急著寫下感恩，反而應該將心中所有「無法感恩」或是「不知道如何感恩」的想法寫下來，即便只是重複寫著「我不知道如何感恩有錢人。」，都是一個好的方式。當你重複寫著「我不知道如何感恩有錢人」時，內在情緒能量便有一個紓解的管道，就像久未疏通的下水道，一開始一定是累積許多雜物、淤泥，不容易處理，而書寫「我不知道如何感恩有錢人」這類字句時，便是開始慢慢的去聆聽內在聲音、讓情緒能量開始有流動的機會。

當你寫到一定程度時，隨著雜物、淤泥越清越多後，清水自然就容易流動，你會突然有靈感、或潛意識會告訴你，有什麼觀念積埋在內在，腦中可能突然冒出一句：「他欠我的！」、或是「他怎麼能有

錢！」等等你從未真的想過或面對過的想法冒出。這時不用去判斷、分析這些想法，只要單純的書寫下來、記錄下來，這便是我們從未、或不夠認識自己的一面。

當書寫、記錄下心中的想法之後，一樣透過書寫，再嘗試去探索為何有這麼的想法？最早是什麼時候開始有這樣的想法？這樣的想法是誰告訴你的？在書寫過程中，自然便會發現許多想法和念頭滿奇怪的，也不合理。

舉個例子：「有錢人沒有幸福婚姻？」

很多人都會覺得金錢買不到快樂、幸福的婚姻。事實上我周遭許多有錢人朋友，都非常開心、快樂的生活、婚姻也十分幸福。他們運用金錢創造出整體的快樂感，例如有品質的生活、給予孩子優質教育、更有能力照顧父母身體健康，再再的透過金錢奠定人生成功的基礎。

試想我們為何有「金錢買不到快樂、幸福婚姻」的想法和觀念？有沒有發現這印象大多來自於電視劇、媒體。當然不能否認現實生活有這樣的情況，但這是「大多數」嗎？其實不然。根據調查，87%的富人覺得婚姻幸福，而 53% 的窮人自覺婚姻不幸福。

我們大腦潛意識有一個很棒的機制，當我們願意往內傾聽，自然會找到答案。最簡單的方式便是透過書寫與自己內在對話，將上述對於「有錢人」的觀念、印象書寫下來後，從「最早是什麼時候開始有這樣的想法？」、「這樣的想法是誰告訴你的？」這兩個問題開始展開對話，書寫過程中，自然會找到專屬於你的答案喔！

感恩書寫紀錄分享

感恩書寫主題：感恩有錢人	
感恩書寫內容	潛意識信念或雜訊

感恩書寫內容：

有錢人是個很好的身份。

很好的卯，代表了擁有很多可以運用的工具～很多來地球玩的遊戲代幣。

而且有錢人在現代社會也是擁有吸睛與 spotlight 的人，遊戲規則如此運作，世人也都這麼玩著，我也喜歡有錢人，古代員外有錢可以戲弄小弟也可以開倉賑災，究竟不受限於身份而在於他如何運用有錢的工具和代幣 Do Something Value 世人不用記得他花了多少錢但也接受了他給予的愛。成功德也好都未必是用錢才能傳遞，但感恩有錢人又選擇了善的道路那喜悅的感覺他自己的更大的受愛者。

生命也可以超越有錢人的身份。那有錢人真的是受到宇宙祝福的也是值得了有錢人的身份。

　超級匹配的！！

潛意識信念或雜訊：

手好痠很想看一下時間 7分鐘了沒有但是連經都沒不下了。感謝我可以繼續。

知錩・Julian

很有趣的書寫內容：遊戲化的概念，有錢人只是個身份，具有許多人生遊戲代幣，是受到宇宙祝福的！當我們越能夠以不對立的眼光、角度去看待周遭的人、事、物，便越能夠從其中找到其價值與意義。任何事情都有一體兩面，金錢亦是如此。如同書寫內容中提到，有錢人只是一種身份，關鍵在於他如何運用金錢。

豐盛心靈寫作，並沒有限定只能書寫 7 分鐘，而是「至少」要書寫 7 分鐘以上（可詳細閱讀 Part 0「七分鐘的祕密」篇章）。當我們書寫持續 7 分鐘後，會比較容易讓腦波進入希塔波的狀態，更容易觸發潛意識訊息。因此在書寫時，可以預先準備好紙（多張）、筆（好寫），盡量讓書寫過程不被打斷。

甚至，如果發現自己常常寫超過 7 分鐘，則只要設定計時，但不要有提示聲音，避免被打斷思緒。但有時候也可以特別注意為何被打斷，例如過往個案諮詢時常發生一個現象，個案心中情緒能量卡住的關鍵人物（例如感情中的男友、女友），總會在諮詢過程要面對、處理最關鍵核心問題時，就會打電話或是傳訊息來「干擾」，屢見不鮮！

感恩書寫心靈訊息

透過此書寫主題，將帶給你的學習：

1. 修復與金錢的關係
2. 修復與有錢人的關係
3. 打破金錢的限制性信念
4. 強化感恩金錢能量
5. 創造豐盛

Part5

內在心靈篇

第28天
感恩自己的生命

感恩書寫練習步驟

第一次書寫：（看到題目，拿起筆就直接書寫，不要太多思考，先寫就對囉！）

1. 設定 7 分鐘：書寫「感恩自己的生命」。
2. 7 分鐘時間到，若覺得還沒有寫完，則可以繼續書寫到覺得完成為止。

第二次書寫：

1. 設定 7 分鐘：書寫「感恩自己的生命」，關鍵重心放在於「往內」，展開與自己的對話。（可以假想在跟另一個自己對話，使用「你」第二人稱的書寫方式）
2. 7 分鐘時間到，若覺得還沒有寫完，則可以繼續書寫到覺得完成為止。
3. 此主題也可以額外嘗試連續書寫七天，會有更棒的效果喔！

感恩書寫主題：	/ /
感恩書寫內容	潛意識信念或雜訊

感恩書寫主題意涵

「感恩自己的生命」這個主題真的是一個大哉問，許多人甚至從來沒有真的靜下心來思考過這個問題。感恩自己的生命？那什麼是生命呢？生命包含哪些部分？是單純指身體嗎？還是包含心靈、靈魂呢？還是等於感恩自己「活著」呢？各式各樣的問題都會在腦海中一一浮現。

其實當你面對「感恩自己的生命」這個書寫主題時，若呈現上述的狀態，腦海中有許多的疑問，不知道、不清楚題目的意思，或是在想到底應該如何界定問題，其實正是反映了，你從未讓自己靜下心，好好的去思考自己的人生與生命問題！

這並不代表有任何的對錯、好壞，絕大多數的人，都是如此，因為我們大多是被教育要去思考學業、工作、婚姻、家庭應該如何規劃，較少會去提到面對自己的生命，應該如何規劃。趁著書寫感恩自己的

生命此主題時，讓自己靜下來思考、檢視自己的生命，便是好事！

　　部分有思考過自己的人生、生命規劃者，在書寫感恩自己的生命主題時，很自然便會往他曾經思考過的面向書寫。有的人可能單純的針對「活著」書寫，感恩自己現在可以呼吸、活著可以去完成許多想完成的事情、夢想；有的人則是針對自己生命的歷程書寫，感謝自己生命一路走來的點點滴滴；有的人則是感恩擁有健康的身體。不管哪個面向，都是好的，都是自己生命的一部分。

　　除此之外，還有一種人在書寫感恩自己的生命時，振筆疾書、文思泉湧，甚至 7 分鐘時間還不夠書寫，寫完自己也非常滿意：感謝造物主、感謝父母、感謝大自然、感謝他人，孕育我們的生命，之所以我們可以活著、存在，是因為有太多人的幫助。乍看之下書寫內容非常不錯，並且言之有理，充滿感恩之情，這本是好事，但是卻忽略了「往內」探索，只有「往外」感恩。

　　我們之所以有生命、誕生到這個世界上，當然要感謝造物主、宇宙、父母，誕生之後，若沒有許多商人、工人、農夫的生產食物、建築房屋等，也很難能夠存活下來。不管是有形界還是無形界，萬事萬物，的確都值得我們感恩，但是這些面向都是「往外」！感恩自己的生命書寫主題，真正的關鍵在於「往內」，嘗試與自己對話、與自己內在對話，感謝自己，感恩自己的生命！

　　看到這邊可能有人會急著回應，那怎麼不先說清楚呢？一開始就

說明清楚書寫方向，不就好了嗎？別急，書寫內容沒有所謂的對錯，書寫過程最重要的目的不在於書寫內容，而是在書寫過程中反映的真實感受，那正是代表內在潛意識訊息以及想表達的聲音。

如同前述，有的人面對此主題時，會先產生一大堆的問題、疑問，呈現的狀態便是較少去思考自己生命的主題；同樣的，有些人在書寫過程中都是「往外」感恩，則反映出平常處世的習慣，很多時候可能都是先想到別人、最後才想到自己，也可能是常常都是先付出的一方，甚至是不求回報。

你有沒有發現，這些「習慣」並沒有不好，甚至是美德；並非書寫內容「往外」感恩，就是錯誤、不好。記得書寫過程中，要保持開放、接納自己，不需要急著去批判自己或是下定論。

在此真正要觀察的是：為何我們習慣先感恩別人呢？而不是先感恩自己、感恩自己的生命？並試著從這個現象中去了解、認識自己。

從小到大，由於教育及社會化等因素，我們被教導要有禮貌、謙虛、尊師重道、關心他人，因此我們都習慣先往外看，先關心別人、先看別人怎麼做、先觀察別人的看法（尤其在意別人對自己的看法），甚至慢慢演變成為別人而活。雖然生命是造物主和父母給予我們，感恩之情自然不在話下，但別忘記生命要如何活以及活出來，則是取決於我們怎麼看待以及面對自己生命的態度。

因此嘗試著開始「往內」與自己的生命對話，感謝自己的生命，

你會發現有許多截然不同的感受。有些人可能突然意識到，竟然不知道如何與自己對話，充滿陌生感；有些人則發現不敢與自己對話，因為一路走來，原來對於自己的生命歷程充滿許多不滿意、怨懟或懊悔；有些人則發現「無法感恩自己」，覺得自己不夠好、不值得；有些人則對待自己非常嚴苛，覺得自己有什麼好感謝，生命不就是這樣？

當然也有些人從每個與自己內在對話的過程當中，重新找回陪伴自己的力量，重新找回愛的感受，重新找到自己生命的價值與意義。不管怎樣，這段書寫過程，都將會是一段愛的奇幻旅程，只要你願意開始嘗試、真誠的往內探索、面對自己的生命，便能夠找到蘊藏於自己內在心靈的無窮巨大能量，找回陪伴自己愛的力量。

或許有些人都曾經聽過，生命的答案不假外求，不需要透過算命、卜卦、星座、命理等方式，只要往內求就可以找到生命答案，的確如此。問題是如何往內求呢？其實最簡單的方式，就是透過書寫：真實、真誠的面對自己，當你開始誠實面對自己、渴望面對自己時，並且保持開放的心態、不預設任何立場，生命自然會給出你專屬的答案。

感恩書寫紀錄分享 Part 1

感恩書寫主題：感恩自己的生命	
感恩書寫內容	潛意識信念或雜訊
生命是得來不易，但我曾經都不知道如此珍貴，我現在很珍惜自己的生命，因為有這個身體，讓我擁有滿滿活力，可以去做很多事情，甚至可以做夢。其實生命是很有緣的，生命的藍圖與彈性都是在自己跌倒後才發現。曾經散落一地的自己也因為生命的韌性，讓我重新把自己找回來，當然更感恩是賦予我生命的父母，我才能好好的，回顧自己並感恩這得來不易的自己。感恩感恩感恩。	對，就是只有很煩的時候 太多事想做了一直卻沒做完。
謝謝我的生命，陪著我經歷每一刻，原來來到我身邊不管好的壞的，都是一份禮物，讓我們看見自己。珍惜這得來不易且活在於當下的身體。感恩自己的生命 Namaste ♡ 我真的好愛我的生命 我會讓自己的生命過以「值得」的生活。畢竟，存在，就是一份生命的值得印記！ Michelle. 2021.7.21	父母家人真的是上天給予我最珍貴最棒的禮物 你想過自己曾經失敗的痛苦告你? 真的，長這麼大不容易，有太多不可控制因素?

感恩書寫主題：感恩自己的生命

感恩書寫內容	潛意識信念或雜訊

當我看到美好的經歷，就會有以上這些感恩，這些優勢，下良善和善的因子，才能遇見許多和善的人。遇到相同的事物和善的生命，才能有了同樣的生命，因為同樣的勇氣，因為珍貴的遇見，在來自身的生命中許多種。至今旅途上的感謝。今生是志在生命末的美好，我認為生命甚美好，我的程美滿。

當然生命高低起伏，碰到的挫折看著那黑暗無前方，無路，無義的生命，困難和意外，快要喘不過氣，感覺得自己的生命感恩過去。然而，感恩過去的困窘空，一個法感境，還後我感恩自己的努力，創造了現在更勇敢而美好的生命。

①另一個即隨著許多投到的確實往厭的浮現
②
③幾分鐘未到

現在當了媽媽養育一個新生命，感恩自己過去我好我差的一切造就自己堅韌的生命，才能擔此重任，帶領一個全新的生命開啟豐碩人生。

蕾音著草路也在篩名的人時，起也善起走到時實
④自己的生命加。張了孩子。渡入了孩子

楊淩竹

Part 1

我會讓自己的生命過上「值得」的生活！說得很棒，也很有力量！透過書寫「感恩自己的生命」，會幫助自己找到自己生命的價值與意義，同時也會幫助我們更懂得珍惜與感恩自己的生命，而不虛度光陰。

其實一個生命的成長是非常不容易的！先是懷胎十月，要健健康康的誕生；接著小嬰兒時要抵抗各種病毒、環境；幼年時期要能夠平平安安，不發生意外。從出生、發育到成熟，其實一點都不簡單、不容易，需要多少的「幸運」累積，我們才真的能夠平平安安、健健康康、順順利利的長大！

看似書寫感恩自己生命，過程中其實也越能夠去體會父母、周遭親友等人的關心與愛，同時也幫助我們靜下心，重新反思自己的生命歷程，找回生命的力量與動力。

Part 2

書寫內容猶如生命至今的回顧與感恩，這是非常很棒的書寫歷程！生命中，我們都會有經歷低潮、高峰的各個階段，在書寫過程中重新回顧，真實記錄，便是最好的。對美好的事物保持感恩，若有低潮的事件，則可以另外書寫，藉此機會清理內在情緒，例如過程中右邊記錄到：「浮現討厭人名！」則可以另外書寫。不管是抱怨、抒發或是感恩，都很好，讓內在情緒能量流動，這樣反而更能一次又一次

的加深感恩生命的深度與廣度，讓生命中的美好與豐盛持續發生！

感恩書寫心靈訊息

透過此書寫主題，將帶給你的學習：

1. 找回生命價值與意義
2. 找回愛的力量
3. 憶起靈魂對於愛的渴望

第29天
感恩當下

感恩書寫練習步驟

第一次書寫：

1. 設定 7 分鐘：書寫感恩當下的話語和心境。
2. 7 分鐘時間到，若覺得還沒有寫完，則可以繼續書寫到覺得完成為止。

第二次書寫：

1. 重新回顧第一次書寫。
2. 專注在感恩當下與生命，去感受「活著的感覺」、「擁有當下時刻的感受」。
3. 不用特別訂定時間，寫到自己覺得完成即可停止。

感恩書寫主題：	/ /
感恩書寫內容	潛意識信念或雜訊

感恩書寫主題意涵

活在當下，在許久以前對我來說只是個「名詞」。直到遇到我的心靈導師，從她身上，我才徹底的了解「活在當下」的意涵，也才在我心中刻畫下「活在當下」，並且轉換為「動詞」。

我記得那次已經是我陪在她身邊熬夜將近兩天，她仍精神奕奕的在面對和處理一個偶然相遇的陌生人（且暫稱小敏）的事情。當時應該是與小敏的第三次碰面，她遇到一些財務和情感上的狀況，因而求助我們。事實上在前兩次，我們已經為小敏的事情費盡心力，且一再叮嚀其不要重蹈覆轍，誰知這次又捅出一個更大的婁子。

說真的，當下我只覺得，「這是你自找的，誰也幫不了妳！」況且我們又不是沒有叮嚀過，事前都已經告知可能發生的情況，以及應該如何應對進退，結果越是叮嚀，越是犯錯。套用一段我每次在上課很愛開玩笑講的話：「說了你又不聽，聽了你又不懂，懂了你又不做，做了你又做錯，錯了你又不認，認了你又不改，改了你又不服，不服你又不說！你讓我怎麼做？（電影台詞）」遇到這種情況，我相信大

多數人都會認為對方無可救藥，選擇「放棄」，更何況要陪她熬夜、消耗這麼多寶貴時間。

事實上在處理小敏事情的當下，還有許多夥伴一起陪伴她面對，但因為過程已經耗了 30 小時，許多人早已陷入昏迷、打瞌睡的狀態，而我也純粹只能硬撐著，過程中談了些什麼，已經恍恍惚惚，注意力無法集中。在快進入第二天深夜之際，有人突然說了一句話，中斷了事情的處理。

「師父，時間有點晚了！我們明天還要去 OOO 那邊處理事情，另外剛好月底也有一筆費用支出要處理，你是不是要先休息，再跟小敏約改天！」

其實我心裡也壓著款項的事情，因為有一部分是我要負責處理，我本來也打算這一兩天去週轉，人算不如天算，這兩天都耗在小敏身上，眼看明天就是最後期限，心理壓力自然不言可喻。

「你們怎麼覺得就有明天呢？」師父問。

頓時間，大家啞口無言、靜默了許久。

或許有人會覺得：「有這麼嚴重嗎？」我們都聽過生命無常，但又有多少人真的「有感」呢？當事情不是發生在我們身上，或只是發生在周遭時，通常相對是「無感」；即便「有感」，大多也維持不了一星期、一個月，便回復到原來的生活模式和狀態。

「我每一天都如履薄冰、兢兢業業，當作是生命的最後一天，用心、盡力的去面對每一個來到我面前的人。我們所擁有的就是當下，現在、此刻小敏在這裡，這就是最重要的一件事。有可能今日一別，就沒有機會再相遇，能不把握這當下嗎？」師父說道。

　　在撰文此刻當下，回想過去和導師相處的點點滴滴，再再的她都用身教、甚至是生命，一遍又一遍的身體力行、實踐愛來教導我們，每一個當下盡心盡力的活出生命最大的價值，從不浪費任何一絲光陰，虛擲生命。每每想起，都提醒我是否盡心盡力活著、是否浪費生命！有時候太容易活在生命的慣性當中，「理所當然」的認為還有明天，但又有誰真的知道我們能夠「幸運的」在明天醒來呢？

　　珍惜每一個當下，珍惜每一個人事物。有許多心肌梗塞猝死的案例，有多少意外事故，人說走就走了！生命無常這道理大家一定都懂，但為何很容易就被打回原形，遇到一些人，仍舊爭吵不停；遇到一些事，仍舊在意與比較？因為我們太少「感恩當下」。

　　其實，光是「活著」本身，此刻「當下」，不就已經是最大的「奇蹟」！許多人面對「感恩當下」書寫主題，最常書寫的內容其實比較接近：「感恩當下擁有的一切！」例如親情、愛情、友情，以及金錢、房子、工作、健康、物品等等，但往往忽略感恩當下的生命，感恩活著此一事實。其實當我們越能夠「感恩當下」、「感恩活著」時，自然就會越珍惜出現在我們生命中的人事物。

因此在書寫「感恩當下」主題時，可以更深刻的去體會「活著的感覺」、「擁有當下時刻的感受」，去感受一呼一吸之間的奇蹟顯現，自然對於生命中許多人事物的看法會慢慢轉變、改觀，因而讓生命創造豐盛。

最後要提醒大家，很多人在書寫「感恩當下」，最後會變成「看淡一切，對一切放下」，好像要無欲無求，不和人計較、競爭才對，甚至有些人會「嚥不下這口氣」，難道感恩當下，就要包容小人，不和他們計較、競爭嗎？並非如此！真正越能「感恩當下」的人，便會越珍惜生命、越珍惜周遭人事物，越盡心盡力活得精彩、盡情的演繹人生，專注在愛自己的人以及自己所愛的人身上，自然而然不會和那些不愛你的人計較、競爭，而不是「勉強自己」去包容、不去計較、看淡一切和放下。

感恩書寫紀錄分享

感恩書寫主題：感恩當下	
感恩書寫內容	潛意識信念或雜訊
感恩當下對我來說不容易，人很容易思考未來，悔恨過去，但活在當下要很刻意。我有很多需要擔憂的事擔心長後問題。全流現說，小孩、教育、人品、退休生活，是否善年痴呆。還有過去如果有不同選擇，也許有更好的結果。因此會提供不同的選擇路徑。如果我選不同的對象，從事不一樣的工作，現況也許會更好，但人生總是難以預料，誰知會更糟‥‥‥	前男友 也可更糟
卡住了，不知道。當下的幸福要要失深呼吸醒慢次後後才會浮現其實現況很好，但我總是有所不滿難以知足。我期許會更好，有更不同的出路，但不知飄向何方。	他微笑以對 看天空、放空
只呼吸在當下是要練習，才能慢慢體會，專注當下好難喔！	累了
我會再給自己機會試看，陪伴自己一起渡過。	

感恩當下需要很刻意？這說得對、也不對。對的是：「活在當下」的確是需要刻意練習，如同書寫內容中所提到：「我們都太容易悔恨過去、思考未來！」其實真相是我們擁有的就只有「當下」，當下我們隨時隨地都可以做出「選擇」，選擇要走出過去，還是繼續悔恨；選擇要做出行動，讓自己活得更好，還是要繼續無謂的擔心？一切都在於我們「當下」的選擇。刻意練習、隨時省察，那麼「活在當下」，便自然會和呼吸一樣的自然，而不用刻意為之。

深呼吸是一個很棒「活在當下」的練習，透過覺察一吸一呼之間，能夠提升我們的感官能力，對於周遭人事物能夠更敏銳的察覺變化與互動。再藉由書寫，則更能深刻的記錄當下、感受當下。

不需要告訴自己要「知足常樂」，我們都可以不滿於現況、追求更好的生活與未來，但關鍵作法並不是將重心放在「未來」，而是在於「當下」做出選擇和行動！

專注當下，則能修復過去、創造未來。

感恩書寫心靈訊息

透過此書寫主題，將帶給你的學習：

1. 找回自己生命的力量與動力
2. 專注於愛自己與自己所愛的人身上
3. 練習專注當下
4. 提升內在感受力

第30天
感恩自己的靈魂

感恩書寫練習步驟

1. 設定 7 分鐘：書寫「感恩自己的靈魂」，關鍵在於體會靈魂對於愛的渴望。
2. 7 分鐘時間到，若覺得還未寫完，則可繼續書寫到覺得完成為止。
3. 如果無法從「感恩」角度書寫，則可以嘗試將心中對於生命現況的不滿、委屈、悲傷等情緒書寫下來。

感恩書寫主題：	/ /
感恩書寫內容	潛意識信念或雜訊

感恩書寫主題意涵

　　當靈魂對於愛的渴望到達極致，便會轉化為形體（肉身），心則呼應靈魂，帶領肉身通過層層考驗，三者一起實踐和體會愛。對於靈魂而言，其目的性非常清楚、明確，唯一追求的就是愛！但是愛並非是任何言語、理論能夠闡述，愛就是愛，愛就是一種單純的能量與存在，愛不是任何喜怒哀樂的情緒，但愛又是所有情緒、感受的總和，要了解愛是什麼，則只能透過對於生命實際的體驗和實踐。正因為這個原因，才有肉身的誕生和存在。

　　感恩自己的靈魂，關鍵在於去體會靈魂對於愛的渴望，那一份來自千萬年前的深層呼喚與渴望。若沒有靈魂對於愛的深深渴望，便沒有我們！

　　或許你會覺得很陌生、不熟悉，甚至完全不認識自己的靈魂，這都沒有關係！靈魂一直都與你同在，一直都在等待著和你對話、等待著愛你以及你的愛。不要小看你開始動筆書寫，展開與靈魂對話的這個動作，就代表著你對自己、對靈魂的一份愛。你知道嗎？靈魂已經從你出生的一刻，便一直等待著這一刻與你的相遇。這是一份非常美麗的愛情，身、心、靈的相遇與合一，當你開始愛自己的同時，也同時獲得被愛的能量，愛與被愛同時發生！

　　起初之初，因為靈魂對於愛的極致渴望，肉身才有機會誕生，也因此才能體驗各種情緒、感官、知覺與發展各種關係，讓我們可以嗅

到花香、欣賞美麗的風景、聆聽風的聲音、與相愛的人擁抱，藉此我們可以學習到愛，感受到無比的喜悅歡愉與生命的美好！

　　或許此時此刻身處於低潮、挫折、障礙、挑戰等情境的你，無法認同，會覺得如果是源起於靈魂對於愛的渴望，那生命應該是美好的啊，為何許多倒楣、不好的事情都發生在你身上呢？其實相較於肉身，靈魂的能量、能力相對是強大、無限的，對於靈魂而言，在意的就只有愛，所有生命中發生的人事物，都是靈魂希望藉由這些事件，去體驗愛與實踐愛，因此必有其發生的原因和目的。只不過相對於有限的肉身而言，我們無法看清楚靈魂吸引這些人事物真正的目的是什麼。

　　對於肉身而言，就像是：「不識廬山真面目，只緣身在此山中」，如果我們不能嘗試站在靈魂宏觀與愛的角度去看待生命，就容易陷入事件當中，被七情六慾所困住，貪、嗔、痴油然而生。話雖如此，對於肉身而言，難道就沒有「選擇權」，只能任憑靈魂「擺佈」嗎？為何靈魂自己渴望愛，卻要肉身承擔這一些生命苦難呢？

　　相信很多人一定聽過，「生命沒有經過淬煉，怎麼能夠練就成鋼、有所成就？」、「毛毛蟲若沒有經過『作繭自縛』的階段，怎麼能夠蛻變出美麗的蝴蝶？」，很多人會嘗試用這些說法「說服」自己接受命運的安排，「催眠」自己生命中有這些苦難是好的，有幫助的！不可否認，適當的磨鍊，的確是有助於生命淬煉，但若是用「理性說服」、甚至是「無奈接受」，並不是「健康」的做法，肉身必然會有

所反彈（輕則生病、重則甚至失去生命之類）。

身、心、靈三界是平等的，同時也需要互相尊重與溝通。過往肉身可能不認識靈魂、也從未嘗試與靈魂對話，或是想溝通、但是不知道要用何種方式進行，當生命遇到不如意時，往往只能用「理性說服」或是「無奈接受」的方式去面對。

現在你可以嘗試透過豐盛心靈寫作書寫，開始與自己的靈魂對話，試著了解靈魂為何會安排特定的人事物，出現在你的生命當中；也可以單純像是和朋友聊聊天，和自己的靈魂說說話；甚至不見得是從「感恩」的角度出發，也可以將你對於生命現況的不滿、委屈、悲傷，一股腦兒的訴說出來，讓靈魂知道。沒有特定的方式、沒有一定要說些什麼或是該說什麼、不該說什麼，只要是你內心想說的，就將它書寫出來，讓彼此都有認識對方的機會。透過書寫的方式彼此溝通、展開對話，會比原先只是單方面「理性說服（自己）」或是「無奈接受」，更符合愛的交流！

當你願意展開對話時，便是願意先去愛、付出愛的人，而宇宙中有一個法則：「願意先去愛、付出愛的人，收穫最多」，自然你會在書寫過程中，獲得許多靈感和啟示，進而找到屬於你的生命答案。

書寫過程中，把握一個原則：「心態保持開放、不預設立場」。雖然先去愛的人，會有最多的收穫，也能在書寫過程中找到生命答案，但是不要在書寫前、或是過程中，預設一定要找到答案，或是書寫內

容會往哪個方向，只需單純的、真誠的想到什麼就寫下什麼。

　　有的人可能第一次書寫與靈魂對話時，就有很大的收穫和啟示；有人則可能需要書寫一陣子後，才有一些體悟和認識，沒有一定會是怎樣發展，當然也不需要跟別人做比較，只要保持渴望愛、渴望與靈魂對話、渴望找到生命答案，便是最好的心態！

　　若是真的完全不知道要如何開始展開對話，那麼不妨先從感恩靈魂安排出現在你生命中的人、事、物開始。相信生命中的人、事、物都是靈魂的安排，也絕非刻意要刁難、造成你生命的苦難，關鍵都和體驗愛、實踐愛有關。雖然我們肉身不一定知道靈魂對於此生生命安排的目的和道理，但我們至少可以先以「感恩」和「祝福」的心，感恩靈魂對於生命安排的一切。如此一來生命就會開始產生質變，形成身、心、靈三界愛的交流喔！

感恩書寫紀錄分享

感恩書寫主題：感恩自己的靈魂	
感恩書寫內容	潛意識信念或雜訊

靈魂呀！你在這身體裡也有40多年的時間了謝謝你一直帶著信念突破許多的難關，不管多少艱困哥囚困難，都可以樂觀看待很喜歡你的不畏困難，但很多時候這些過程還是累的身體會覺得好累！做又覺，我想去睡覺耍廢呀！別再找這麼艱的事故了呀！但每次做完的成就感，連身體都在跟你一起開心，靈魂呀！謝謝你這麼久一直都能夠接受自己的裡美，而且不愛人群但又喜歡跟人在一起的感覺而是意衝突的個性讓很多事在做之前是一種想法做之後又有不同的感受，也就是這樣看到很多挑戰猶像不次的時候，你總會給我「試試吧！人生就是要來體驗的」的靈感，然後我又衝一波了，我的靈魂呀！謝謝你一路的辛苦陪伴記得很多時候也要放過我，不用每件事都要做到最完美，畢竟體驗才是我們人生的功課哦！

Dara 2021.07.19

（潛意識信念或雜訊欄）
寫了3行就有點卡卡靈魂是什麼？是思想嗎？是心嗎？

是什麼原因會想把每件事都想做到惊是累死自己！

媽呀！是不是還是感到不得的接受挑戰，累死自己。

酷！很棒的一段愛的交流歷程！真實的呈現內在心態與想法，展開與靈魂的對話！不用在意要寫什麼、該寫什麼，真實的將想對靈魂說的話說出就是最棒的。書寫中可以坦承自己肉身的軟弱、害怕、恐懼等情緒、心情，藉由書寫對話過程，也能夠讓靈魂了解肉身的有限，兩者彼此認識、磨合，則越來越能夠整合身、心、靈三界，由內而外散發強大的力量。

靈魂是什麼？是思想？是意念？保持書寫、保持對話，生命將會告訴你專屬你的答案！每個人獲得的答案都不盡相同，但一定會是最適合你、也是你最需要的答案。在書寫過程中，自然的你會越來越認識自己和認識靈魂，進而能夠體會到靈魂對愛的渴望，也就更能理解與包容所有一切發生在生命中的人事物。

感恩書寫心靈訊息

透過此書寫主題，將帶給你的學習：

1. 憶起靈魂對於愛的渴望
2. 找回愛的力量
3. 親密關係修復
4. 認識自己
5. 接納與包容自己

第31天
感恩自己擁有愛人的動力

感恩書寫練習步驟

1. 設定 7 分鐘：書寫感恩自己擁有愛人的動力。
2. 7 分鐘時間到，若覺得還沒有寫完，則可以繼續書寫到覺得完成為止。

　　如果無法從「感恩」角度書寫，則可以嘗試將心中對於「不想去愛、沒有動力」等情緒書寫下來。

感恩書寫主題：	／　／
感恩書寫內容	潛意識信念或雜訊

感恩書寫主題意涵

相信絕大多數的人都會同意 · 做任何事情都需要「動力」，工作需要動力、玩耍需要動力，甚至吃飯也需要動力。有的人對於工作賺錢、經營事業的動力，源自於家庭、小孩；有的人對於吃飯的動力，則可能來自於為了身體健康，或是因為自己是家庭的支柱、不能倒下，那麼試想，驅使你去愛人的動力，又是什麼原因呢？

或許你會想：「我真的會去愛別人嗎？或是我有能力去愛別人嗎？」也有可能是：「我不想再去愛別人和付出了！」有許多原因可能造成你不願意去愛，但真相是我們無法不去愛！因為當我們誕生時，便是因愛而生！每一個人的誕生，都是因為靈魂對於愛的渴望到達極致，而降生為人（可參閱「感恩自己的靈魂」篇章）。

愛比不愛簡單！

選擇去愛，其實比選擇不愛來得簡單，而且當我們選擇不愛、選擇封閉起自己時，即便你有再多的理由、原因說服自己，「不愛很好、不愛就不會受傷、經歷痛苦」等等，但最終還是不會真正的開心。因為我們選擇不愛時，便已經遠離生命誕生的初衷。愛人其實是我們與生俱來的天性，愛人的動力一直都存在我們的生命本質當中，不過就像有時我們會因為情緒或經歷挫敗、而失去工作的動力，有時會因為病痛、失去吃飯的動力（沒胃口），同樣的，我們也會因為一些情感的傷害、人際關係互動的挫敗等原因，而失去愛人的動力。

如果當你看到「感恩自己擁有愛人的動力」書寫主題時，感受到的是「不想去愛、沒有動力」這一類反方向的情感時，不用急著從「感恩」的角度書寫，可以嘗試靜下來，透過書寫展開與自己的對話，嘗試去了解你目前為何會卡住而不想去愛、沒有動力去愛的原因，是否是因為過往的情感、家庭關係或是人際互動所造成的呢？

記得一件事，在書寫過程中，想到什麼就寫什麼，不要去判斷對或錯，不預設立場，但專注於浮現的內在聲音，有時候可能是一閃而過的一個往事片段，也有可能是曾經出現在你生命中的某個人、某段關係。或許第一時間你無法聯想到它跟你「不愛」、「沒有動力」有任何關係，就單純的先記錄書寫下來即可，這些都是很寶貴的、潛意識給你的生命訊息。它會慢慢的醞釀、發酵，有可能是你散步在路上時，有可能是你在洗澡時，也有可能是你重新閱讀書寫內容時，它就會突如其來、靈光乍現，幫助你覺察到問題的根本原因。

愛只跟渴不渴望有關！

有些人會將愛人的「動力」和愛人的「能力」搞混！前面我們提到人是因愛而生，我們天生就具備愛人的能力，甚至應該說愛和有沒有「能力」沒有關係。愛就是愛了！愛只跟渴不渴望有關！當你想對一個人付出時，沒有能力的問題，只在於你渴不渴望。

《聖經》中有一個小婦人的故事：

耶穌坐在聖殿庫房的對面，看大家怎樣投錢在奉獻箱裏。很多有錢人投進許多錢；後來一個窮寡婦上來，投進兩個小銅板，約等於一文錢。耶穌把他的門徒都叫過來，對他們說：「我實在告訴你們，這個窮寡婦所投進奉獻箱的，比其他的人都多。別人是從他們的財富中捐出有餘的；可是她已經很窮，卻把自己全部的生活費用都獻上了。」

愛從來不是能力的問題，愛只和渴望不渴望有關！當你渴望付出愛時，即便只是一文錢，那就是一份巨大愛的能量，並不會因為錢的多寡而有所打折，或者就不是付出、不是愛。舉個例子，如果你見到一個心儀的對象，想要跟對方告白，卻一直害怕、擔心被拒絕，而不敢行動，其實真相只是你不夠愛對方，你愛自己（的面子）勝過於對方。當你夠愛對方、夠渴望時，怎麼會不急著想要讓對方知道你對於他的愛呢？

以這個角度而言，你會發現，其實「沒有動力去愛」，也只是不夠渴望去付出和去愛而已。只不過「沒有動力」比起「沒有能力」稍微情有可原，因為有時候是因為我們拿熱臉去貼別人的冷屁股，開心的想要付出，卻遭遇他人的拒絕、嘲諷、異樣眼光，使得原先想要付出的那份熱忱與愛封閉起來。但其實我們只要回到初衷，堅定自己對於付出、對於愛的渴望，自然就無所畏懼他人眼光或是別人是否有所回應、回饋。

生命中沒有什麼比保持對愛的渴望更重要！

感恩自己擁有愛人的動力，生命中沒有什麼比保持對愛的渴望更重要，永遠不要失去對愛的渴望與信心！當你心中保持對於愛的渴望時，這股源自於生命本質的動力源泉，便會源源不絕的從你心中冒出，永不止息！

感恩書寫紀錄分享

感恩書寫主題：感恩自己擁有愛人的動力	
感恩書寫內容	潛意識信念或雜訊

感恩書寫內容：

幾年前在一場帶衝性的公益活動中，忘了是什麼因素，哪個點，導致我突然爆炸性的感動，淚流不止。當下非常努力的想抑制自己的情緒，還是無法讓表情停止。活動結束後，只認為自己瘋了，一定是三魂在作怪，因為我是理性的，不可能有這種情緒產生。

一直覺得自己是個沒有真正愛的人。從小到現在，並不特別在乎或想要這個世界的任何東西，不管是人、事、物，一旦失去了＝幾分傷感，如此而已。並不特別難過。印象較深刻，我媽曾經對我說：你真的是個可怕的小孩。所以我一直認為自己是個沒有情感的人。

直到寫了這個主題，才發現自己的心是有溫度的，而且是有愛的能力的人。過去公益活動中，有幾次心中有股暖流，原來那就是愛。

感謝老師邀約這次新書寫作，真的是上天的安排，讓我選了這個主題，透過這主題明白自己並是有愛人的能力。

潛意識信念或雜訊：

共覺這主題並非當初最有感的二個主題被挑走，只好一

所有事情的安排都非巧合，皆有其目的和意義。「塞翁失馬，焉知非福」，雖然不是首選的主題，但反而更適合！單純的信任內在的直覺、感覺，不預設立場，真實的書寫與記錄，就會有最佳的收穫與體悟。其實生活與生命不亦是如此，不預設立場，盡情去愛、被愛，就是最美好與幸福的時光。

靈魂唯一追尋的就是愛（愛的能量）！而愛只能透過感受、實踐去體會，無法單純用「理性」、「道理」去理解。當靈魂被愛感動（接收到愛的能量）時，自然會流淚、甚至爆哭。眼淚能夠洗淨靈魂！

透過書寫的過程，能夠幫助我們一點一滴重新認識自己，找回愛人的動力與力量！

感恩書寫心靈訊息

透過此書寫主題，將帶給你的學習：

1. 憶起靈魂對於愛的渴望
2. 保持對於生命充滿渴望與希望
3. 找回愛人與生命的動力
4. 認識自己與愛上自己

第 32 天
感恩渴望愛的自己

感恩書寫練習步驟

第一次書寫：

1. 設定 7 分鐘：書寫感恩渴望愛的自己的話語和心境。
2. 7 分鐘時間到，若覺得還沒有寫完，則可以繼續書寫到覺得完成為止。

第二次書寫：

1. 重新回顧第一次書寫。
2. 將寫到或是想到「渴望被某人所愛」的感覺記錄下來。
3. 書寫「為何需要或為何想要被某人所愛」（一次書寫一個人）。
4. 不用特別訂定時間，寫到自己覺得完成即可停止。

感恩書寫主題：	/ /
感恩書寫內容	潛意識信念或雜訊

感恩書寫主題意涵

你的渴望便是你的境界，渴望多深，愛就有多深！

誰不渴望愛呢？但是在「感恩渴望愛的自己」書寫過程當中，發現許多人雖然書寫內容都是「渴望愛」，例如渴望父母的愛、渴望家人的愛、渴望情人的愛等等，但這些其實屬於「渴望被愛」的範疇。

「渴望愛」和「渴望被愛」不同嗎？差別在哪呢？舉個簡單的例子，當我們口渴，「渴望」喝水時，會主動、想盡辦法去找水喝，不太會等待別人送上來。同樣的，當你真正的渴望愛時，會是主動先去尋找或是付出的一方，而不會是被動等待別人的愛。那麼我們究竟是從什麼時候不再主動、或是不敢主動成為先愛的一方呢？

當我們還是小孩子時，對於愛的反應與回饋都是相對的單純和簡單，對於喜歡的事物或是對於父母的愛，都能夠直接、簡單的表達。但是隨著年紀越來越大，當我們經歷越來越多事情，甚至為愛付出而受傷之後，便慢慢的選擇封閉、逃避，將心門深鎖。其實不管是出於何種原因，真相只不過是「你對愛不夠渴望」！這麼說或許過於「嚴

屬」，但如同上述喝水的例子，當你真的口渴、渴望喝水時，你不會因為某人、某事曾經阻礙你喝水或是將水潑在你臉上，而選擇不喝水，或是一定要當事人拿水給你喝，你才肯喝。

在「感恩渴望愛的自己」書寫過程中，並非不能寫「渴望被愛」的部分，一樣心中想到什麼，就書寫記錄下來。書寫結束後，再重新去檢視自己記錄的內容，並將重點放在：「為何需要、或為何想要被某人所愛？」（第二次書寫）

心理學專家以及許多哲學、心靈派別都會提到：「缺愛的孩子，內心總渴望被愛！」，他們也大多有類似以下的童年經驗：

小的時候缺乏父母的陪伴，如單親家庭、隔代教養、留守兒童等。

父母的教育方式不健康，會以暴力、不當懲罰的手段來解決問題等。

孩子長期缺少認可、缺乏自信，例如媽媽總是說別人家的孩子好、喜歡拿別人與自己小孩比較等。

當你將渴望被「某人」所愛、原本針對「某人」的重點，轉移改為「為何需要、或為何想要被某人所愛」時，你會更容易看見自己內在真正缺乏的「愛」是什麼，也比較容易聚焦自己想要的「愛」是如何。我會特別建議將「為何需要、或為何想要被某人所愛」設定為一個獨立的書寫主題，透過書寫過程，可以幫助我們內在思考、整合，究竟我們真正想要的愛是如何？

甚至在書寫過程中，我們會憶起許多被塵封的往事，更容易釐清為何我們需要「某人」的愛。絕大多數的人並沒有真真正正的思考過，自己想要「怎樣的愛」，因此當遇到心儀的對方時，便總是要對方「懂你」，認為對方「愛你」就要「懂你」，問題是當你自己都不清楚自己想要什麼時，那麼兩人就只能「不斷的嘗試、磨合」。好比一方想要喝咖啡，請另一方去買。

　　「你想喝什麼呢？」

　　「你猜猜看！」

　　「拿鐵半糖？」

　　「不想！」

　　「卡布奇諾？」

　　「還好！」

　　「黑咖啡？」

　　「好像還可以！」

　　我相信類似這樣的對話，在男女相處之間少不了，甚至父母與孩子、各式各樣的人際關係都存在。我不否認世上存在「天作之合」、「心有靈犀」的伴侶，但畢竟還是少數，兩人相處、愛的交流，難道一定需要這樣的「磨合」過程嗎？不能回到更簡單、單純的互動模式

嗎？

　　有時候其實並非是要對方做些什麼，可能只是簡單的陪伴著，就能夠帶給你「安全感」；也可能只是和對方簡單的聊著天，就能為你解除「孤獨感」。養成習慣時時問自己：「我為何需要、或為何想要被某人所愛？」甚至是問：「我累了嗎？」、「我快樂嗎？」、「我要的是什麼？」嘗試把自己放在重要的位置，學會傾聽內心的聲音。當我們越清楚自己內在所缺乏的是什麼、以及想要的愛是什麼時，別人也更容易理解我們，與我們的互動也會更輕鬆。

　　此外還有一種情況，有人會認為自己常常都是渴望愛、渴望去付出的一方，只要得到對方一點點關心，就會掏心掏肺、毫無保留的付出，卻總是受傷，甚至會被對方說：「你的愛太沈重，讓人無法喘息！」明明就是渴望愛、渴望去付出，而不是「渴望被愛」，怎麼結果總是事與願違呢？

　　這種情況，大多數在細究之下，仍然還是「渴望被愛」。這類型的人，的確是付出較多、渴望付出，但往往可以聽到：「我要求的不多，難道只是要求你打通電話、稍微關心我，這樣都不行嗎？」有些更是非常「卑微」的請求對方，哪怕只有一點點都好，甚至許多人寧可忍受對方的不忠，只要偶爾陪伴自己就好。其實愛就是愛了，如果有任何一絲的要求和期望，充其量不過是一種交換的愛；無論誰付出較多、如何的不對等，便不會是真正的愛。真正愛的能量交流則是：

讓愛自由的流動、自由的付出，接受的人喜悅，付出的人也喜悅！

一個真正渴望愛的人，會願意面對自己、改變自己、不斷的超越自己，並不斷的加深渴望、加深愛的程度與境界！

感恩書寫紀錄分享

感恩書寫主題：感恩渴望愛的自己	
感恩書寫內容	潛意識信念或雜訊
我的內在有個受傷的小男孩，他只有一個人，在渴望被愛。但但他不知道如何主動跟別人說他需要愛。他很無助，有些惶恐。我意識到了他。我知道他該怎麼做。小男孩你可以走出去，不要躲在陰暗的角落。直接走走到亮一點的地方。在那個地方去渴望愛，小男孩有呼到了。中蹲著的「渴望愛的自己」那是想被愛。這次我告訴小男孩：「要主動的去渴望，說出你想要的，愛就會湧入你。」謝謝謝你自己看到「自己的需要」，那個一直躲在角落不敢渴望愛的自己。感恩渴望愛的自己⌣	小男孩很雀躍。很多人朝他走來。很開心。他笑了。

非常特別的往內探索與書寫的歷程！從看見自己內在頑皮的小男孩，並且展開與小男孩的對話。一開始小男孩對愛無助、憤怒，不敢走出陰暗，獨自躲在角落。透過「自我對話」的過程，讓小男孩了解到有人愛他、關心他，因而轉變為「敢於勇敢去愛」。內在看似從「渴望被愛」轉為「主動去愛」，但其實是因為自己先決定「去愛」小男孩，簡單幾句鼓勵、關心的話語，就能夠讓我們的生命起了很大的轉變！

感恩渴望愛的自己！只要願意好好的為自己的人生、生命跨出勇敢的一步，為愛癡狂一回，就能像書寫中的小男孩，他最後是非常雀躍、開心，並且有很多人（愛）朝他走來。

感恩書寫心靈訊息

透過此書寫主題，將帶給你的學習：

1. 重拾對愛渴望的力量
2. 找回生命的動力
3. 化解缺乏愛的根源
4. 認識自己的需求

第 33 天

感恩走在回家的道路上

感恩書寫練習步驟

1. 設定 7 分鐘：書寫感恩走在回家的道路上。

2. 7 分鐘時間到，若覺得還沒有寫完，則可以繼續書寫到覺得完成為止。

感恩書寫主題：	/ /
感恩書寫內容	潛意識信念或雜訊

感恩書寫主題意涵

依稀記得來自遠古的深切呼喚，

總覺得塵世並非我們真正的故鄉！

這個書寫主題可以分成兩個面向書寫：一、現世生活的家；二、靈性的家。當然它也不完全侷限於此，端看你對於「家」的定義為何？有的人追求夢想，雖然漂流海外、世界各國，但在旅途中，依舊保持初心、堅持夢想，如此也可視作踏上回家（追尋心中夢想）的道路上。

如同上述，書寫此主題時，端看你對於「家」的定義為何？但不管你如何定義「家」，在書寫的過程中，其實反映的便是內在找尋與渴望愛的歷程與程度。

每個人誕生之際，都有其生命意義與價值，若想要清楚自己的生命意義與價值，便需透過認識自己，才能得知。在我二十歲時，我自認很認識自己，然而就在遇見我的心靈導師後，發現原來她比我更認識我自己，更懂我想要的是什麼，甚至認識我遠超乎我所能認識的自己！隨著經歷越多、年紀越大，越發現自己遠遠不夠認識自己！

在豐盛心靈寫作課程中，常常會有學員問我一個問題：「透過書寫認識自己以及挖掘自己的潛意識，什麼時候才會／才算結束呢？」我都是笑笑的回答：「直到今世終結。」這句話並非敷衍了事，而是十幾年來親身走過、真實的體會。認識自己其實分為好幾個層次：

隨時觀照自己的起心動念，是認識自己與整合自己身心靈的第一步。光這一步，許多人便要走好幾年後，才有機會窺探到自己真面目的一小部分。認識自己並非只是單純了解自己的個性、興趣、喜好而已，更重要的是要認識自己的「起心動念」。

　　《禮記中庸》：「莫見乎隱，莫顯乎微，故君子慎其獨也。」說的便是一個道德高尚的人，即使在沒人看見的時刻，也要警惕謹慎，在獨自一人時，更應嚴格要求自己，防微杜漸，把不正當的欲望、意念在初萌芽時便克制住，自覺的遵從道德準則為人行事，簡單一句話，就是「言行一致」。

　　我相信許多人都遇過或聽過「言行不一」、「表裡不一」的人，在我看來這都不算最糟糕、恐怖的行徑，最怕的反而是完全騙過自己的人！德國納粹黨宣傳部長戈培爾（Paul Joseph Goebbels）曾說過：「謊言重複一千遍，也不會成為真理，但謊言如果重複一千遍而又不許別人戳穿，許多人就會把它當成真理。」因此也有人說：「只要自己同個謊話說一千遍，最後也會騙過自己！」

　　許多人在一開始的起心動念，明明就是為一己之私，但可能會用合理化的說法：「我是為你好！」來說服自己與對方；說著說著，自己便也被「洗腦」，認為自己真的是為對方好。最常見的例子，就是公司有吃力不討好的職缺、沒有人想去時，是不是總有人會跳出來說：「這是一個很好的機會，不僅有加薪，還能增加歷練，未來更能高升！」

有句話說道，「不要聽他說了什麼，而是要看他做了什麼！」這句話其實只對了一半。不僅不能聽他說了什麼，也不能看他做了什麼，因為真正的關鍵在於「起心動念」，這才是最難的地方！當然我們無從判斷別人的起心動念，但「君子慎獨」，我們能做的就是去省視自己的每一個起心動念、覺察自己的每個動機是否出於良善與愛，而不自欺欺人。

　　隨時觀照自己的起心動念，是認識自己與整合自己身心靈的第一步！進而我們可以從肉身的行為舉止，探察心的動機；更深層則可以從心的動機，探察靈魂的意念與狀態。

　　從肉身的行為舉止，探察心的動機，這個概念美國聯邦調查局（FBI）已經實踐，他們運用所謂的「微表情心理學」，便是透過人類臉部的細微表情，判斷其犯罪心理與「閃露」的內心暗藏想法。舉個最簡單的例子，父母常常在叫小孩子整理房間時，小孩都會先隨口回答好，但是過了一小時後，仍舊　動不動，躺在床上滑手機。這便是肉身回答好，但是內心不願意，因此結果就是「沒有整理」。

　　我曾經聽過一個有關金錢議題的演講，講師在台前，手上拿著一千元，問台下的聽眾，「有誰想要這一千塊錢？」現場幾乎所有聽眾都異口同聲回答想要；接著講師又問了一次，「誰真的想要這一千塊錢？」這次所有人更大聲回答想要，甚至有人舉起手、站在椅子上；講師又再次問了，「誰非要這一千塊不可？」這時聽眾更激動了，紛紛使出各種方式想要吸引講師的注意力，希望能雀屏中選！

在大家使出渾身解數、競爭大約一分鐘後，講師將一千元收回口袋裡，這時現場所有聽眾紛紛噓聲四起，認為被戲弄、欺騙了。現場講師則十分鎮靜的緩緩說出：「你們並非真心想要，既不夠渴望也不夠積極，竟然沒有一個人衝到台前來拿這一千塊！」頓時所有人被講師一句話當頭棒喝，完全安靜下來。是啊！我們真的想要一千塊嗎？那為何都沒有行動呢？

同樣的，我們也可以從心的動機去檢視靈魂的意念與狀態。心有各式各樣的動機，例如嫉妒、佔有、競爭、虛榮等等，為何有這些動機呢？有時候可能只是源自於靈魂對於愛的匱乏；又或者是感恩、良善、愛人這些動機，則可能源自於靈魂對愛的渴望。

因此如前面所說：「認識自己，是沒有停止的一刻。」願意開始認識自己，就是愛自己的最佳表現，也是這一生最值得的投資！透過認識自己的過程，就是探索自我價值與生命意義的歷程，也代表著引領自身返回心靈的狀態，走在回家的道路上。

感恩走在回家的道路上！願你我都走在心靈豐盛的回家道路上，終有一天在終點相見。

感恩書寫紀錄分享

感恩書寫主題：感恩走在回家的道路上	
感恩書寫內容	潛意識信念或雜訊

感恩書寫內容（手寫）：

起心動念記起來要感恩於感恩走在回家的路上 回家的路是一條漫長的旅行什麼是 回家呢？迷途的星際旅民自己嗎？ 還是活在四度空間的家園呢？ 從不知曉，以為看到的就在前面 前面有很多畫面的訊息 總記憶著自己 格格不入的在這世界上 漂遊遊走 喜歡自己一個人的孤獨 又嘗試自由空 飛的想飛翔，一段走在回家的路，親愛。 孩子我在照亮著你，不被害怕氣搶著 前方的路我會引領你 會給你 手電燈 星空中大有一個光開的門，適時歡迎 你歸來 你有看見嗎？不要迷失在金錢 物質的利益判斷之中，認清你的 前方也要停下腳的走 跨出每一步 不要怕他人眼光及環境阻礙 永遠有夢 但別在乎扶持陪伴你不在孤寂的路程。

潛意識信念或雜訊（手寫）：

什麼有夢想了 有什麼了！

依稀記得來自遠古的深切呼喚，

總覺得塵世並非我們真正的故鄉！

　　許多人其實內心都曾經有過這樣的想法和感受，總覺得和這個世界格格不入。這不是你的錯覺或胡思亂想，有許多家人、夥伴都一樣有著這樣的困擾，和你一樣在尋找、嚮往回家的道路。只是我們很容易因為面對未知，而感到恐懼、迷惘；也容易因為世俗的金錢、名利，而迷失、忘記回家的途徑。慶幸的是我們有靈性的家人陪伴，或許不像現世家人一樣，常常可以陪伴在身邊，但無形之中，我們一直都保持緊密相連，只要你發出對愛的渴求、開始尋找回家的道路，宇宙自然會給予你方向與指引。

　　我們都不孤單、我們也一直都在！愛將我們緊緊的相繫在一起！

感恩書寫心靈訊息

　　透過此書寫主題，將帶給你的學習：

1. 認識內在渴望愛的歷程與程度
2. 找回對愛的渴望
3. 探索生命的意義與價值
4. 整合身心靈

後記／邀請

等了好久，終於等到今天！

33 天愛的奇異旅程，我們終於一起走到今天！

接下來未來的每一天，相信不會是旅程的結束，

而是一段又一段愛的交流與奇蹟的延續！

目前我固定每週會舉辦「豐盛心靈寫作─7 日感恩書寫」活動，每天我會透過祈禱，感應適合大家書寫的每日主題。看似只是簡單的出一道書寫主題，但過程並不簡單，對我而言就是一個練習愛（付出與接受）的過程，在（出題）過程中不斷去體會、感受愛是什麼。透過祈禱與宇宙源頭愛的能量連結，感受愛的能量與角度，怎麼看待每一個人事物，也從書寫主題和每一個人的反應、交流中，去認識愛的能量流動和運作模式：怎樣是最適切？怎樣是對方最需要？怎樣才算是愛？

我特別珍惜每一個書寫主題的誕生！每個題目的誕生，其實是需要許多人共同對於愛的渴望，因為當渴望愛的能量到達極致時，才可能從無形能量中轉換為有形形體（書寫主題）。在此也誠摯的邀請你，一起參與「豐盛心靈寫作─7 日感恩書寫」活動，以及分享給更多周

邊親人與好友，相信我們會因此激發出更多愛的火花與交流，讓愛的能量不斷的傳遞、延續下去！

　　邀請你一同參與免費公益活動「豐盛心靈寫作─7日感恩書寫」活動！

【豐盛心靈寫作─7日感恩書寫】

每週五開團（當週週五到下週四為一期，每天7分鐘，讓愛延續）

參加方式：

1. 加入 LINE 好友後，請先回覆「參加感恩書寫」。

2. 我會再將你加入每週書寫群組當中。

LINE 好友／ LINE ID：@597pvepd

https://lin.ee/wNLzYQT 或掃描 QRcode 加入

【豐盛心靈寫作─感恩7日書寫】活動說明

https://mindwriting.cc/thanksgiving/

7 分鐘豐盛心靈寫作

劉滄碩教你用 33 天，從認識自己、擺脫潛意識限制，進而邁向財富富足、生命豐盛之路

作　　　者／劉滄碩
校　　　稿／蔣芝嫻・林沛儒
美 術 編 輯／申朗創意
責 任 編 輯／吳永佳
企畫選書人／賈俊國

總　編　輯／賈俊國
副 總 編 輯／蘇士尹
編　　　輯／高懿萩
行 銷 企 畫／張莉滎・蕭羽猜・黃欣

發　行　人／何飛鵬
法 律 顧 問／元禾法律事務所王子文律師
出　　　版／布克文化出版事業部
　　　　　　台北市中山區民生東路二段 141 號 8 樓
　　　　　　電話：(02)2500-7008 傳真：(02)2502-7676
　　　　　　Email：sbooker.service@cite.com.tw
發　　　行／英屬蓋曼群島商家庭傳媒股份有限公司城邦分公司
　　　　　　台北市中山區民生東路二段 141 號 2 樓
　　　　　　書蟲客服服務專線：(02)2500-7718；2500-7719
　　　　　　24 小時傳真專線：(02)2500-1990；2500-1991
　　　　　　劃撥帳號：19863813；戶名：書蟲股份有限公司
　　　　　　讀者服務信箱：service@readingclub.com.tw
香港發行所／城邦（香港）出版集團有限公司
　　　　　　香港灣仔駱克道 193 號東超商業中心 1 樓
　　　　　　電話：+852-2508-6231　　傳真：+852-2578-9337
　　　　　　Email：hkcite@biznetvigator.com
馬新發行所／城邦（馬新）出版集團 Cité (M) Sdn. Bhd.
　　　　　　41, Jalan Radin Anum, Bandar Baru Sri Petaling,
　　　　　　57000 Kuala Lumpur, Malaysia
　　　　　　電話：+603- 9057-8822　　傳真：+603- 9057-6622
　　　　　　Email：cite@cite.com.my
印　　　刷／韋懋實業有限公司
初　　　版／2021 年 11 月
定　　　價／450 元
Ｉ Ｓ Ｂ Ｎ／978-986-0796-62-9
Ｅ Ｉ Ｓ Ｂ Ｎ／978-986-0796-63-6（EPUB）

城邦讀書花園　布克文化
www.cite.com.tw　WWW.SBOOKER.COM.TW